məktəb - sukuu 2
səyahət - akwantuo 5
nəqliyyat - akɔneabadie 8
şəhər - kuro kɛseɛ 10
mənzərə - mmɔnten so asiesie 14
restoran - adidibea 17
supermarket - sotɔopɔn 20
içkilər - nsa 22
yemək - aduane 23
ferma - afuo 27
ev - efie 31
qonaq otağı - asaso 33
mətbəx - mukaase 35
hamam otağı - adwareɛ 38
uşaq otaqı - nkwadaa dan mu 42
geyim - ntaadeɛ 44
ofis - asoeɛ 49
iqtisadiyyat - ɔman sikasɛm 51
peşə - nwuma ahodoɔ 53
alətlər - anwenade 56
musiqi alətləri - nneɛma a yɛde bɔ nwom . 57
zoopark - zoo 59
idman - agokansie 62
fəaliyyət - nwumadie 63
ailə - abusua 67
bədən - nipadua 68
xəstəxana - ayaresabea 72
fövqəladə hallar - putupru 76
Yer kürəsi - Ewiase 77
saat - klɔko 79
həftə - nnawɔtwe 80
il - afe 81
formalar - abosuo 83
rənglər - ahosoɔ 84
əksinə - abirabɔ 85
ədədlər - nɔma 88
dillər - kasa ahodoɔ 90
kim / nə / necə - hwan / deɛ bɛn / ɛyɛ deɛn .. 91
harada - ɛhen 92

Impressum
Verlag: BABADADA GmbH, Nedderfeld 112 , 22529 Hamburg
Geschäftsführer / Verlagsleitung: Harald Hof
Druck: Books on Demand GmbH, In de Tarpen 42, 22848 Norderstedt

Imprint
Publisher: BABADADA GmbH, Nedderfeld 112 , 22529 Hamburg, Germany
Managing Director / Publishing direction: Harald Hof
Print: Books on Demand GmbH, In de Tarpen 42, 22848 Norderstedt, Germany

məktəb

sukuu

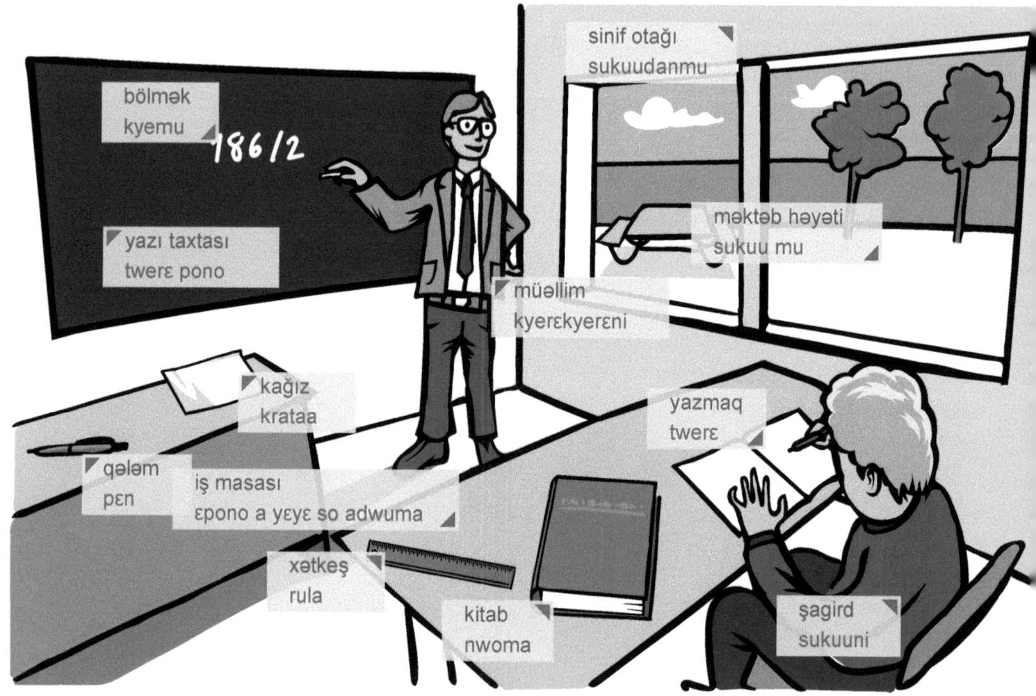

bölmək
kyemu
186/2
yazı taxtası
twerɛ pono
sinif otağı
sukuudanmu
məktəb həyəti
sukuu mu
müəllim
kyerɛkyerɛni
kağız
krataa
yazmaq
twerɛ
qələm
pɛn
iş masası
ɛpono a yɛyɛ so adwuma
xətkeş
rula
kitab
nwoma
şagird
sukuuni

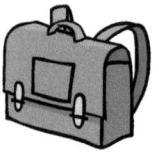

məktəbli çantası

baage

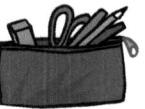

karandaş qabı

twerɛdua konko

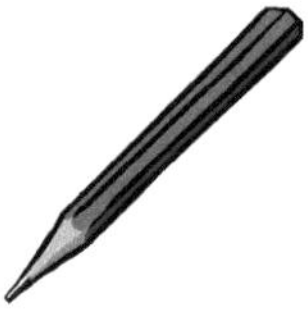

karandaş

twerɛdua

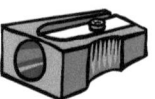

karandaş yonan

deɛ yɛde sensen twerɛdua ano

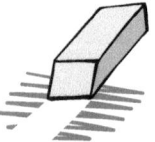

pozan

rɔba

rəsm albomu

krataa a yɛdwi adeguso

rəsm	boya fırçası	boya qutusu
adedwie	penti brɔhye	penti adaka

qayçı	yapışdırıcı	dəftər
apasɔɔ	aman	nwoma a yɛyɛ mu adwuma
	**12**	**2+2**
ev tapşırığı	say	əlavə etmək
efie adwuma	nɔma	kabom
5-2	**2×2**	
çıxmaq	vurmaq	hesablamaq
te fri mu	mmɔho	sese
A	ABCDEFG HIJKLMN OPQRSTU VWXYZ	**hello**
hərf	əlifba	söz
lɛtɛ	ntwerɛeɛ	asɛmfua

mətn

ntwerɛdeɛ

oxumaq

kenkan

tabaşir

kyɔk

dərs

adesua

sinif jurnalı

twerɛ wo din

imtahan

nsɔhwɛ

təhsil haqqında sənəd

abodinkrataa

məktəb uniforması

sukuu ataadeɛ

təhsil

adesua

ensiklopediya

nyansa nwoma

universitet

suapɔn

mikroskop

maakroskop

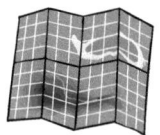

xəritə

map

zibil qutusu

kɛntɛn a yɛde krataa nwura
gu mu

4

mehmanxana
ahɔhogyebea

Grand

yataqxana
hostɛl

ROOMS

valyuta mübadiləsi mənteqəsi
baabi a yɛ sesa sika

EXCHANGE

çamadan
potomanto

avtomobil
kaa

dil
kasa

bəli/xeyr
aane / dabi

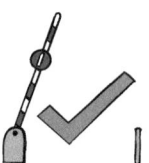

oldu
Yoo

salam
hɛlo

tərcüməçi
kasa asekyerɛfoɔ

Təşəkkür edirəm
Medaase

giyməti nə qədərdir ...?

...bɔɔ yɛ sɛn?

mən başa düşmürəm

Me nte aseɛ

problem

ɔhaw

Axşamınız xeyir!

Maadwo!

Sabahınız xeyir!

Maakye!

Gecəniz xeyrə galsin!

Dayie!

hələlik

baibai o

istiqamət

akwankyerɛ

baqaj

wo nneɛma

torba

bɔtɔ

kürək çantası

akyirebɔtɔ

qonaq

ɔhɔhoɔ

otaq

danmu

yataq-çuval

bɔtɔ a yɛda mu

çadır

ntomadan

turistlər üçün məlumat

nsɛm dema wɔn a wɔkɔ nsrahwɛ

çimərlik

mpoano

kredit kartı

kaade a yɛde yi sika

səhər yeməyi

anɔpa aduane

günorta yeməyi

awua aduane

nahar yeməyi

anwumerɛ aduane

bilet

tiket

lift

pegya

poçt markası

stamp

sərhəd

ɛhyeɛ so

gömrük

kutɔmfoɔ

səfirlik

embasi

viza

visa

pasport

passpɔt

nəqliyyat
akɔneabadie

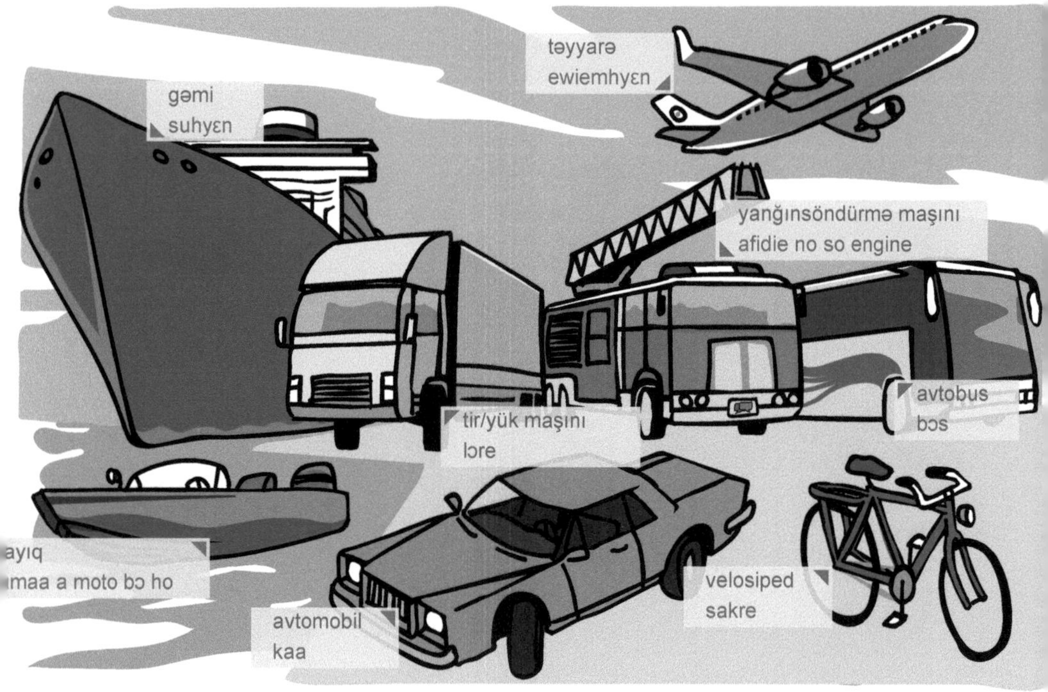

gəmi
suhyɛn
təyyarə
ewiemhyɛn
yanğınsöndürmə maşını
afidie no so engine
avtobus
bɔs
tir/yük maşını
lɔre
ayıq
ımaa a moto bɔ ho
velosiped
sakre
avtomobil
kaa

bərə

hyɛma

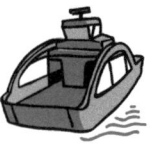

qayıq

suhyɛn kumaa

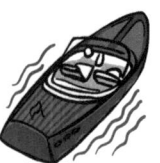

motosiklet

motosakre

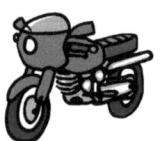

polis avtomobili

polisifoɔ kaa

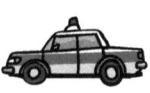

yarış avtomobili

kaa a ɛkɔ mirika akansie

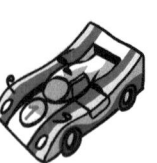

icarə avtomobili

kaa a yɛde ma ahan

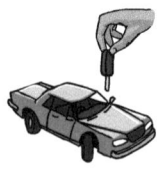

avtomobil icarəsi

wɔre kyɛ kaa

texniki yardım maşını

lɔre a asɛeɛ

zibil maşını

bɔɔla kaa

mühərrik

moto

yanacaq

pɛtro

benzin doldurma məntəqəsi

baabi a yɛbu pɛtro

yol nişanı

trafik ahyɛnsodeɛ

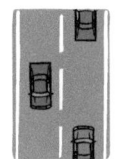

yol hərəkəti

trafik

tıxac

trafik akye

avtomobil dayanacağı

baabi a yɛde kaa esi

dəmir yolu stansiyası

keteke gyinabea

dəmiryol

keteke kwan

qatar

keteke

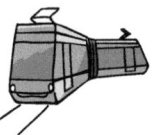

tramvay

tram

vaqon

ponkɔ kaa

nəqliyyat - akɔneabadie   9

helikopter

helikopta

hava limanı

ewiemhyɛnbea

qüllə

abansoro

sərnişin

apasingyani

konteyner

tontowa

karton qutu

adaka

əl arabası

kaate

səbət

kɛntɛn

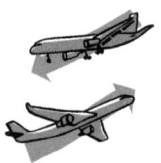

qalxmaq / enmək

atu / asi fam

şəhər
kuro kɛseɛ

kənd

akurase

şəhər mərkəzi

kuro dwaberɛ mu

ev

efie

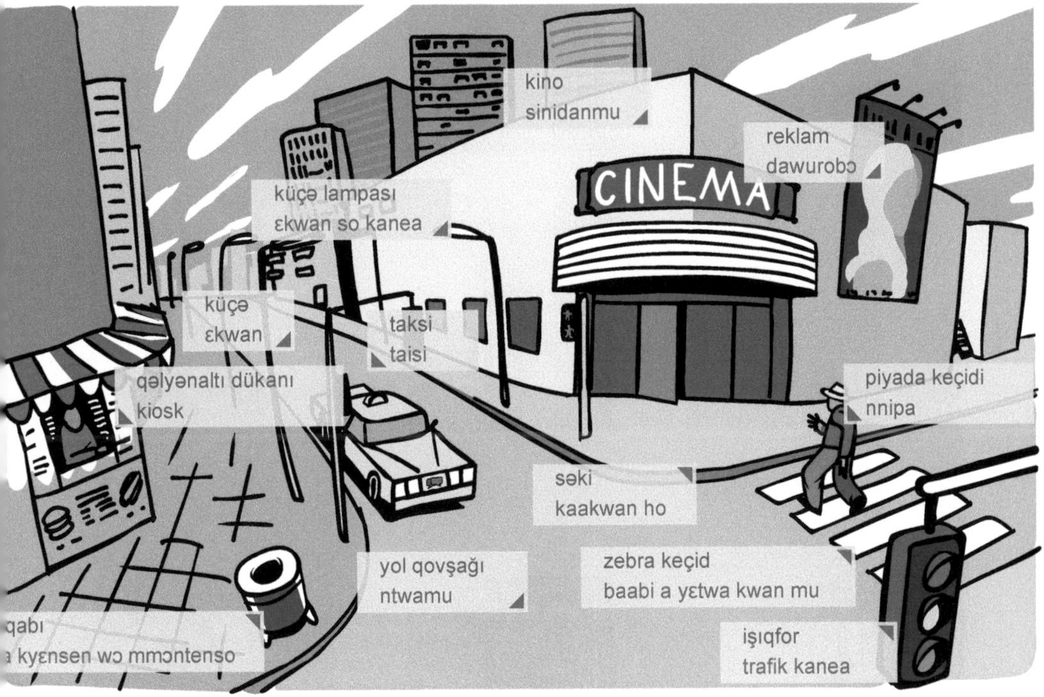
kino
sinidanmu
reklam
dawurobɔ
CINEMA
küçə lampası
ɛkwan so kanea
küçə
ɛkwan
taksi
taisi
qəlyənaltı dükanı
kiosk
piyada keçidi
nnipa
səki
kaakwan ho
yol qovşağı
ntwamu
zebra keçid
baabi a yɛtwa kwan mu
qabı
a kyɛnsen wɔ mmɔntenso
işıqfor
trafik kanea

daxma

apata

mənzil

efie

dəmir yolu stansiyası

keteke gyinabea

bələdiyyə binası

adwaberɛm

MUSEUM

muzey

bea a yɛ kora tete nneɛma

məktəb

sukuu

universitet

suapɔn

bank

sikakrobea

xəstəxana

ayaresabea

mehmanxana

ahɔhogyebea

aptek

famasi

ofis

asoeɛ

kitab dükkanı

sotɔɔ a wotɔn nwoma

dükan

sotɔɔ

çiçək dükanı

baabi yɛtɔn nhwiren

supermarket

sotɔɔpɔn

bazar

edwam

univermaq

sotɔɔ kɛseɛ

balıq satıcısı

baabi a yɛtɔn mpataa

ticarət mərkəzi

dwadibea kɛseɛ

liman

suhyɛn gyinabea

park
baabi kaa gyina

oturacaq
bɛnkye

körpü
ɛtwene

pilləkən
atwedeɛ

metro
asaase ase

tunel
ɛbɔn

avtobus dayanacağı
baabi a bɔs gyina

bar
nsanombea

restoran
adidibea

poçt qutusu
lɛta adaka

küçə nişanı
ɛkwan so akwankyerɛ

parkinq sayğacı
baabi kaa gyina ho mita

zoopark
zoo

üzgüçülük hovuzu
nsuo a yɛ dware mu

məscid
nkramodan

ferma
afuo

ətraf mühitin çirklənməsi
deɛ egu mmɔnten so fi

məzarlıq
asieɛ

kilsə
asɔre

oyun meydançası
agodibea

məbəd
asɔre dan

mənzərə

mmɔnten so asiesie

yarpaq
ahaban

yol nişanı
sanbɔd

yol
kwan

çəmən
asaase a ɛsere wɔ so

piyada səyyah
ɔnantefoɔ

daş
boba

ağac
dua

çay
asubɔnten

ot
ɛserɛ

gül
nhwiren

vadi

amenamu

təpə

bepɔ

göl

tadeɛ

meşə

kwaeɛ

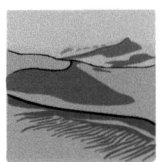

səhra

ɛserɛ so

vulkan

egya a efri botan mu

qəsr

abankɛseɛ

göy qurşağı

nyankontɔn

göbələk

emere

palma

abɛtene

ağcaqanad

ntomntom

milçək

tu

qarışqa

ntɛtea

arı

wowa

hörümçək

ananse

böcək

amankuo

qurbağa

aponkyerɛni

dələ

opuro

kirpi

apɛsɛ

dovşan

adanko

bayquş

patuo

quş

anomaa

qu quşu

nsuo mu dabodabo

qaban

kɔkɔte

maral

adoa

sığın

ɔtweenini

su bəndi

dam

külək turbini

wind turbine afidie

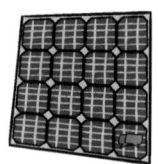

günəş batareyası

afidie a ɛkye awia

iqlim

wiem nsakraeɛ

restoran
adidibea

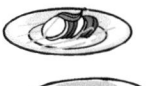

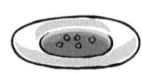

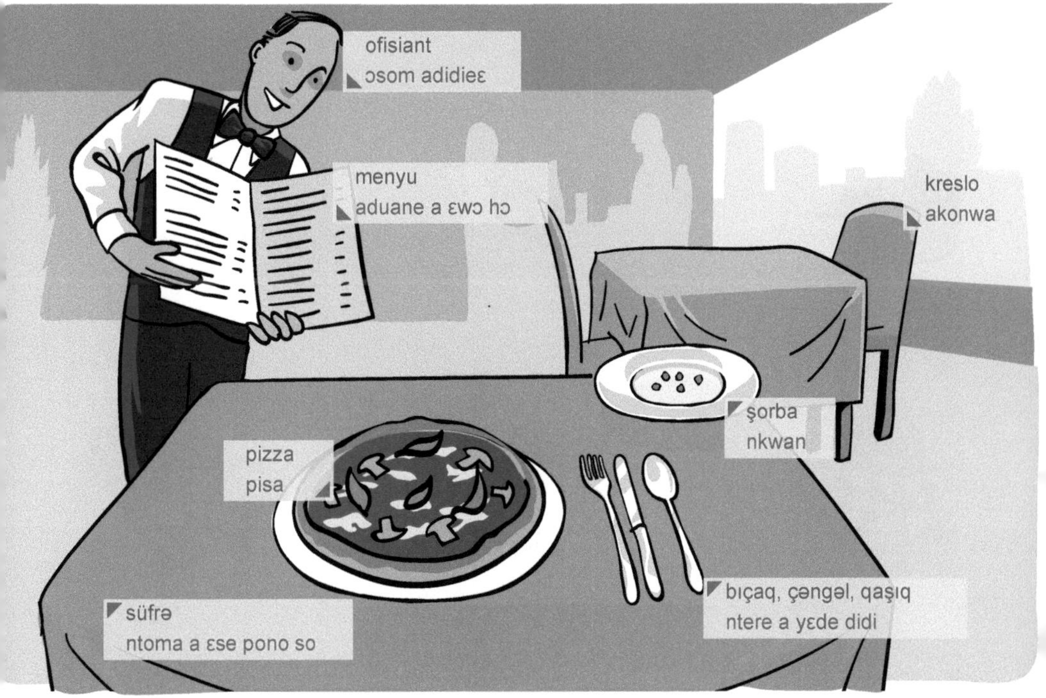
ofisiant
ɔsom adidieɛ
menyu
aduane a ɛwɔ hɔ
kreslo
akonwa
şorba
nkwan
pizza
pisa
süfrə
ntoma a ɛse pono so
bıçaq, çəngəl, qaşıq
ntere a yɛde didi

məzə
mprampra anom

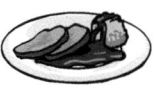

əsas yemək
aduane no ankasa

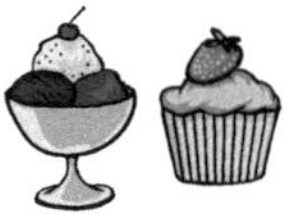

desert
mpa anom

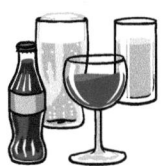

içkilər
nsa

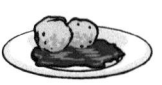

yemək
aduane

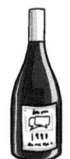

şüşə
toa

fast food

aduane hyewhyew

küçə yeməkləri

abɔnten so aduane

çaynik

tii kukuo

qəndqabı

asikyire konko

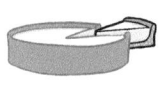

pay

wo kyɛfa

espresso maşını

espresso afidie

hündür uşaq kreslosu

akonwa tenten

faktura

wo ka

nimçə

apanpan

bıçaq

sekan

çəngəl

adinam

qaşıq

atere

çay qaşığı

atere ketewa

salfet

napkin a yɛde pepa ano

şüşə

glase

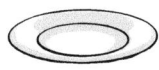

boşqab
....
prɛte

şorba boşqabı
....
kwan kyɛnsee

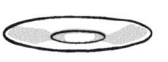

nəlbəki
....
prɛte ketewa

sous
....
abomu

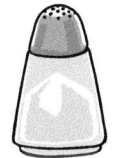

duz qabı
....
nkyene kukuo

bibərüyüdən
....
yɛde yam mako

sirkə
....
fenega

duru yağ
....
anwa

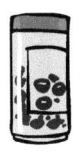

ədviyyat
....
aduhwam

ketçup
....
kɛkyɔp

xardal
....
mustad

mayonez
....
mayones

supermarket
sotɔɔpɔn

xüsusi təklif
ntesoɔ soronko
FOR
müştəri
adetɔfoɔ
süd məhsulları
nanatwie nufusuo
meyvə
aduaba
alış-veriş arabası
hwiili

BUTCHERS

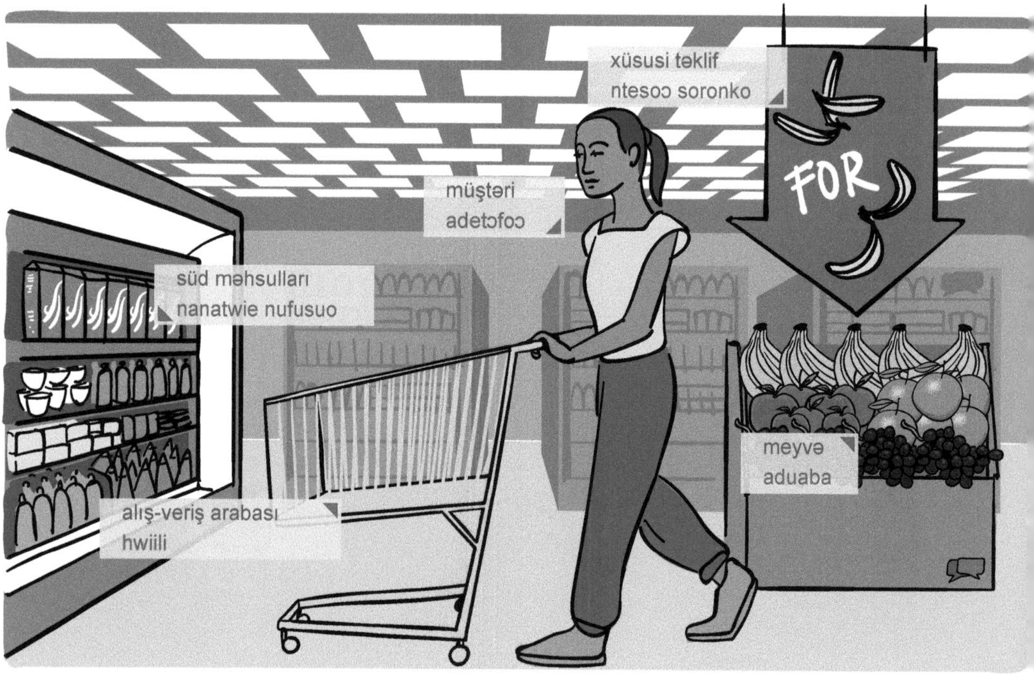

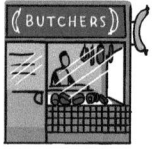

qəssab dükanı

baabi a yɛtɔn nam

BAKERY

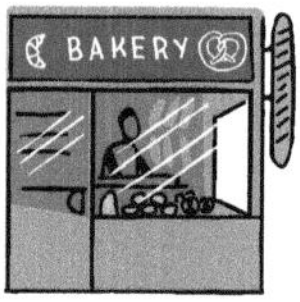

çörəkçi

baabi a yɛtɔn paano

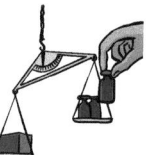

çəkmək

susu

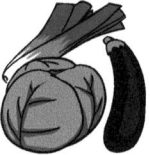

tərəvəz

atosodeɛ

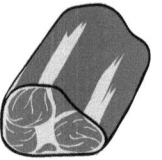

ət

nam

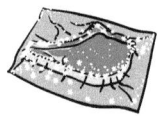

dondurulmuş qida

frigyemu aduane

soyuq ət yeməyi

nam a adwɔɔ

konservləşdirilmiş qida

kyɛnsee mu aduane

yuyucu toz

paoda samena

şirniyyat

adedɔkɔdɔkɔ

təsərrüfat malları

efie nnɛɛma

yuyucu vasitələr

adetɔneɛ a yɛde pepa fin

satıcı

nnipa a ɔtɔn adeɛ

kassa

afidie a egye sika

kassir

ɔgyegye sika

alış-veriş siyahısı

krataa a wodi rekɔ di dwa

iş saatları

berɛ a wɔde bua

pul kisəsi

sikabɔtɔ

kredit kartı

kaade a yɛde yi sika

torba

baage

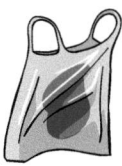

plastik torba

rɔba baage

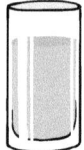

su
....
nsuo

şirə
....
aduaba mu nsuo

süd
....
nufusuo

cola
....
kok

şərab
....
wain nsa

pivə
....
biya

alkoqollu içkilər
....
mmorosa

kakao
....
kokoo

çay
....
tii

qəhvə
....
kofe

espresso
....
espresso

kapuçino
....
kapukyino

banan

kwadu

alma

apol

portağal

ankaa

yemiş

melon

limon

akutɔ

yerkökü

karɔt

sarımsaq

garlik

bambuq

pampro

soğan

gyeene

göbələk

mmere

qoz-fındıq

nkateɛ

əriştə

talia

spagetti

spageti

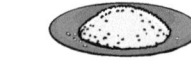

düyü

ɛmo

salat

salad

cips

kyipis

qızardılmış kartof

abrɔdwomaa a y'akye

pizza

pisa

hamburger

hambɔga

sandviç

sanwekye

eskalop

nam a dompe nnim

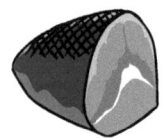

hisə verilmiş donuz əti

preko nam

salyami

nam a y'ahata

kolbasa

sɔsege

toyuq

akokɔ

qızardılmış ət tikəsi

toto

balıq

apataa

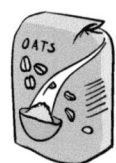

yulaf yarması

oosu koko

müsli

muesli

partlaq qarğıdalı

konflese

un

esam

kruassan

krossant

bulka

paano a y'abobɔ

çörək

paano

tost

paano a y'atoto

peçenye

biskete

kərə yağı

bɔta

kəsmik

nufusuo a ada

tort

keeke

yumurta

kosua

qayğanaq

kosua a y'akyeɛ

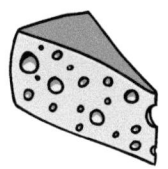

pendir

kyiis

dondurma

asskrim

şəkər

asikyire

bal

ɛwoɔ

mürəbbə

gyaam

şokolad pastası

kyokolete

köri

kɔri

yemək - aduane

ferma
afuo

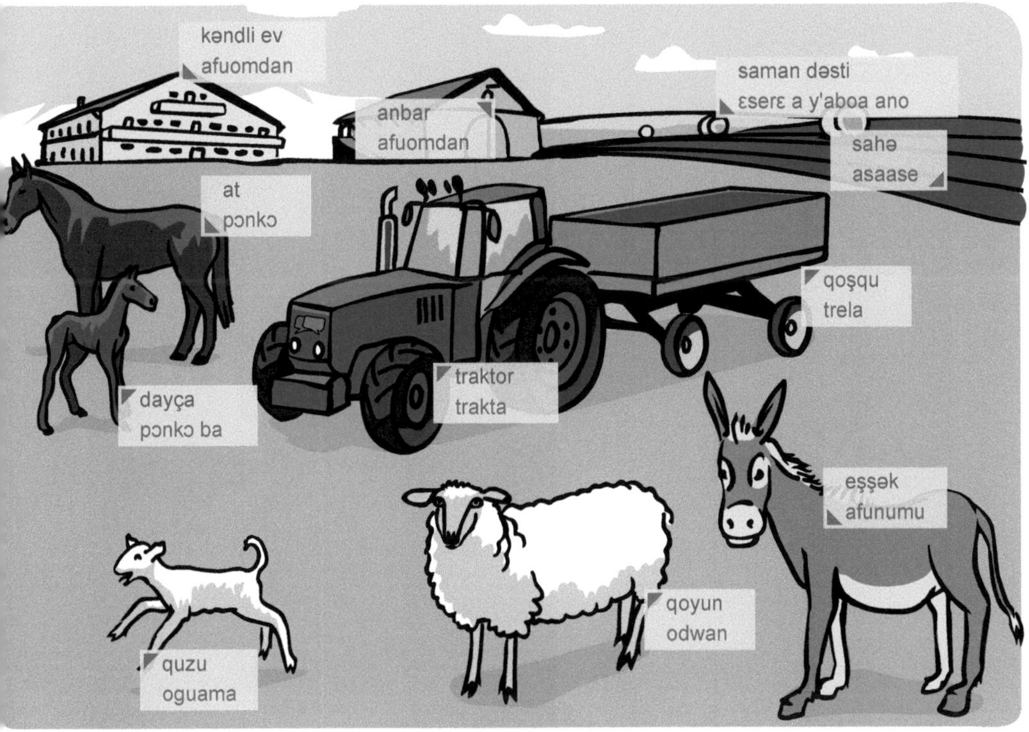
kəndli ev
afuomdan
anbar
afuomdan
saman dəsti
ɛserɛ a y'aboa ano
sahə
asaase
at
pɔnkɔ
qoşqu
trela
traktor
trakta
dayça
pɔnkɔ ba
eşşək
afunumu
qoyun
odwan
quzu
oguama

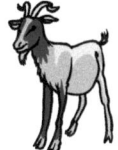

keçi

apɔnkye

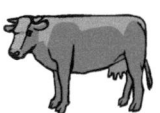

inək

nantwie

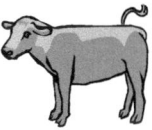

dana

nantwie ba

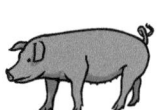

donuz

prɛko

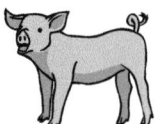

donuz balası

prɛko ba

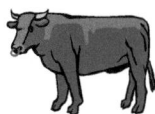

öküz

nantwinini

qaz

dabodabo nua

ördək

dabodabo

cücə

akokɔba

toyuq

akokɔbedeɛ

xoruz

akokɔnini

siçovul

kusie

pişik

ɔkra

siçan

akura

öküz

nantwinini

it

kraman

itdamı

kraman buo

bağ şlanqı

afuom drobɛn

susəpən

tontora a yɛde gu nsuo

dəryaz

sekan a yɛde twa aburo

kotan

funtum dadeɛ

oraq

kɔntɔnkrɔ

kətman

asɔ

yaba

afuom adinam

balta

akuma

əl arabası

hweebaro

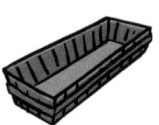

çalov

adidika

süd bidonu

nufusuo konko

çuval

bɔtɔ

çəpər

ɛban

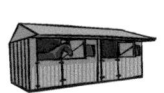

tövlə

pɔnkɔ dan

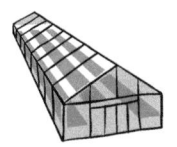

istixana

ntomadan a yɛyɛ mu afuo

torpaq

anwea

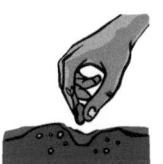

toxum

aba

gübrə

ɔyɛ asaaseyie

taxılbiçən kombayn

otwaberɛ trakta

məhsul yığmaq

twa

məhsul yığımı

otwaberɛ

yam

bayerɛ

buğda

ayuo

soya

soya

kartof

abrɔdwomaa

dən

aburo

raps

repu aba

meyvə ağacı

dua a ɛso aba

maniok

bankye

yarma

aburo asefɔɔ

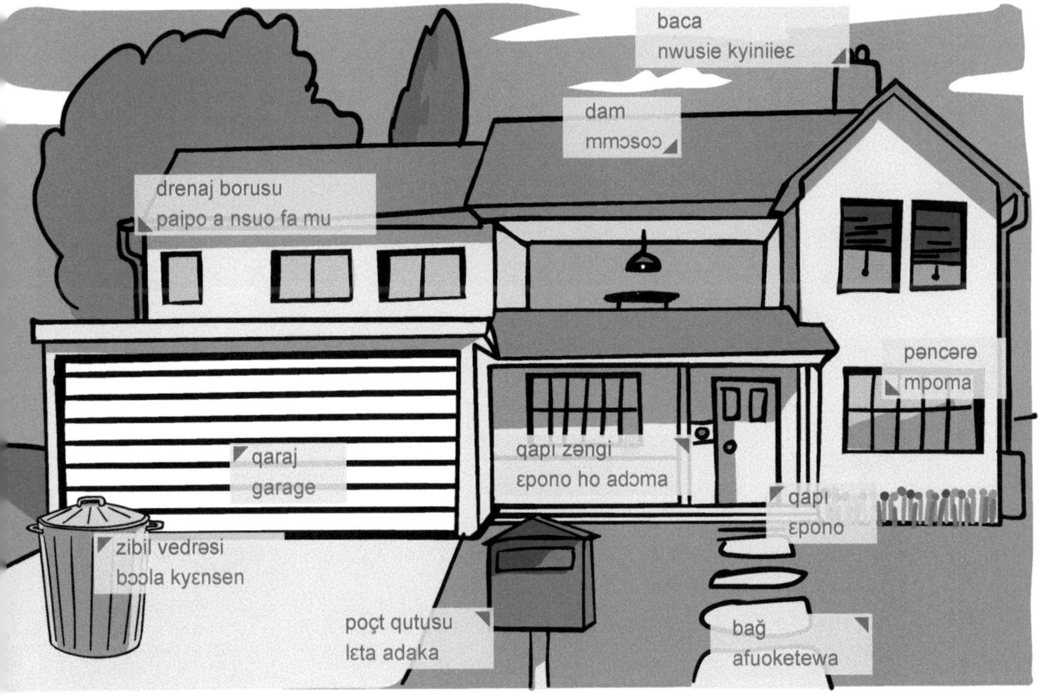

baca
nwusie kyiniieɛ

dam
mmɔsoɔ

drenaj borusu
paipo a nsuo fa mu

pəncərə
mpoma

qaraj
garage

qapı zəngi
ɛpono ho adɔma

qapı
ɛpono

zibil vedrəsi
bɔɔla kyɛnsen

poçt qutusu
lɛta adaka

bağ
afuoketewa

qonaq otağı
....
asaso

hamam otağı
....
adwareɛ

mətbəx
....
mukaase

yataq otağı
....
pie mu

uşaq otaqı
....
nkwadaa dan mu

yemək otağı
....
dan a yɛdidi mu

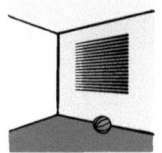

döşəmə

εfam

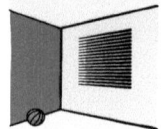

divar

εban

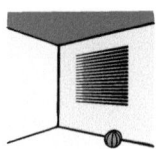

tavan

abruuso

zirzəmi

danbloo

sauna

adwereε a εbɔ ɔhyew

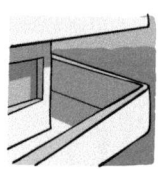

balkon

abranaa

terras

abranaaso

üzgüçülük hovuzu

nsuo a yεdware mu

otbiçən maşın

afidie a yεde dɔ

mələfə

nsεfam

yataq örtüyü

ntoma a εse kεtε so

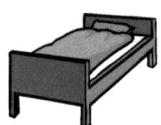

yataq

mpa

süpürgə

prayε

vedrə

bokiti

elektrik açarı

dane

qonaq otağı

asaso

divar kağızı
krataa a ɛfam dan ho
şəkil
nfonin
lampa
kanea
rəf
kɔbɔd
şkaf
kɔbɔd adaka
televiziya
tiivi
buxarı
egya dabrɛ
gül
nhwiren
yastıq
kuhyɛn
divan
akonwa kɛseɛ
vaza
kukuo a nhwiren hye mu
uzaqdan idarəetmə
remote

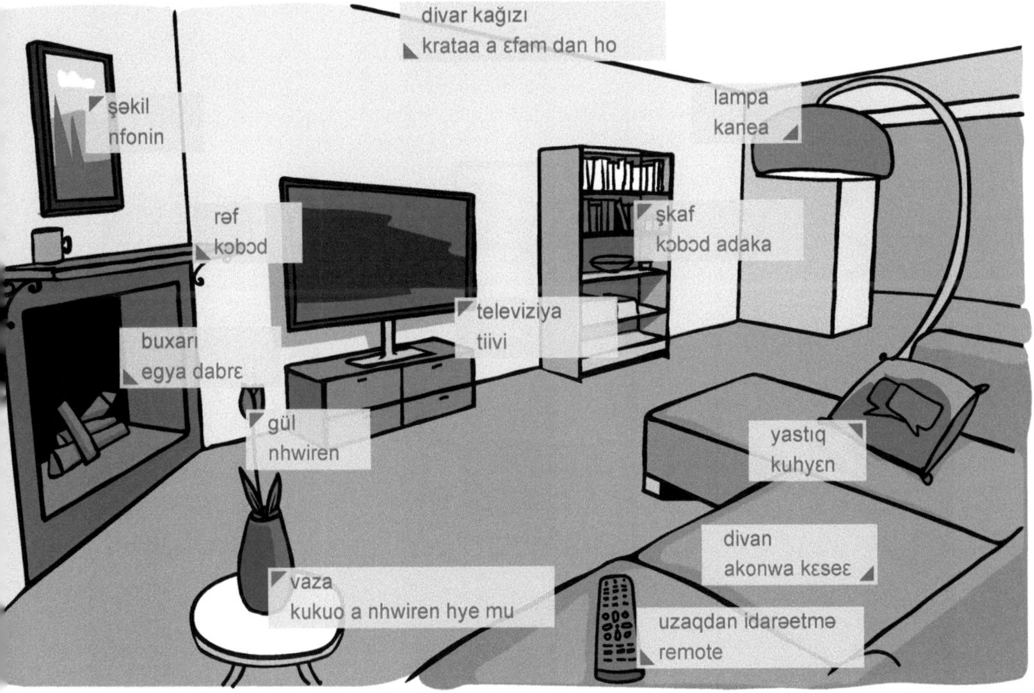

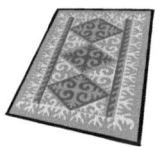

xalça
kapɛte

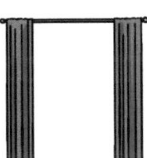

pərdə
ntwaa dan mu

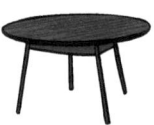

masa
ɛpono

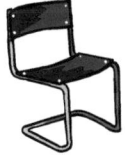

kreslo
akonwa

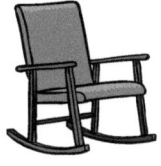

yırğalanan stul
akonwa a ehinhim

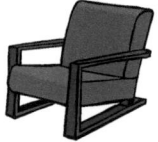

kreslo
akonwa a yɛgyegye dan

kitab

nwoma

yorğan

kuntu

bəzək

dan mu nsiesie

odun

egya

film

sini

stereo səs sistemi

wailɛs

açar

safoa

qəzet

koowaa krataa

rəsm əsəri

nfonin a y'adwi

plakat

nfam danho

radio

radio

bloknot

krataa a yɛ twere mu

tozsoran

afidie a ɛprapra

kaktus

kaktus

şam

kyɛnere

mətbəx
mukaase

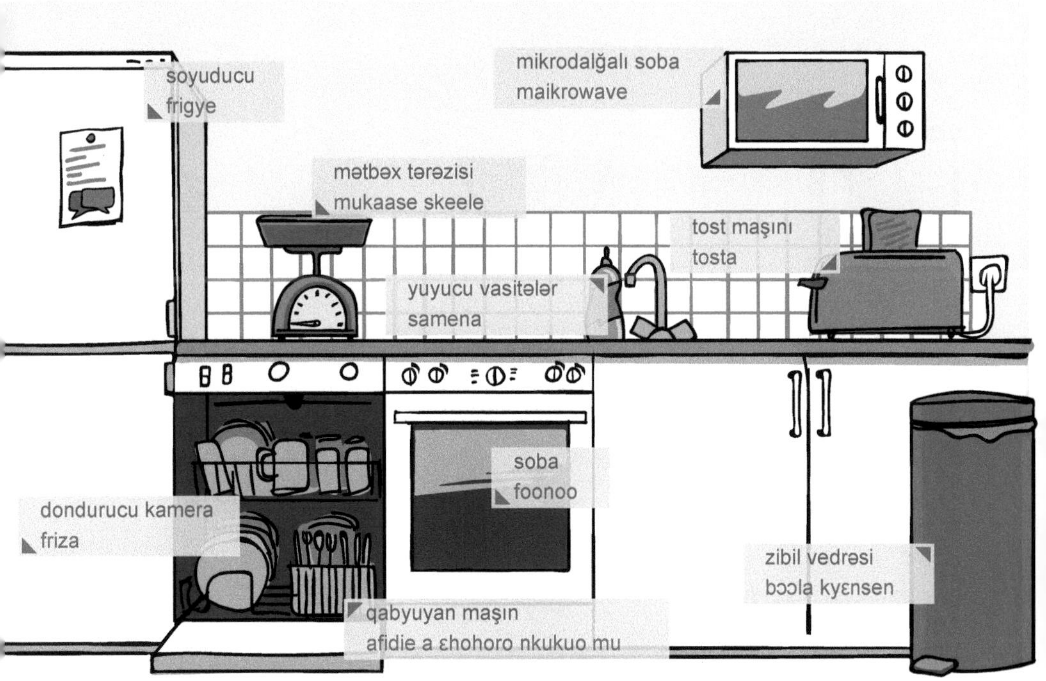
soyuducu
frigye
mikrodalğalı soba
maikrowave
mətbəx tərəzisi
mukaase skeele
tost maşını
tosta
yuyucu vasitələr
samena
soba
foonoo
dondurucu kamera
friza
zibil vedrəsi
bɔɔla kyɛnsen
qabyuyan maşın
afidie a ɛhohoro nkukuo mu

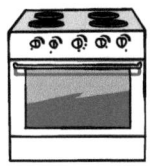

soba

abɛɛfo bukyea

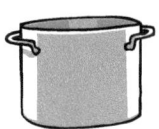

qazan

kokuo

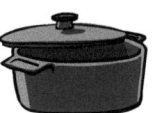

çuqun qazan

dadesɛn

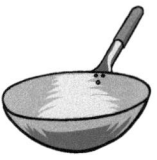

vok / kadai

wok / kadai

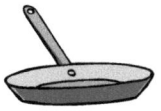

tava

kyɛnsee

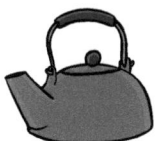

çaydan

nsuo hyeɛ afidie

buxar qazanı

stiima

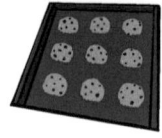

sac

apa a yɛ to so adeɛ

qab

prɛte, kuruwa, ntere ne nea ɛkeka ho

fincan

kuruwa a etumi bɔ

ləyən

kyɛnsee

yemək üçün çubuqlar

nnua a yɛde didi

çömçə

kwantre

spatula

dua atere

çırpıcı

yɛde nu adeɛ mu

süzgəc

sɔneɛ

ələk

fefe

sürtgəc

greta

həvəngdəstə

waduro

barbekyu

kyinkyinga

ocaq

bukyea

doğrama taxtası

εpono a yε twitwaso adeε

oxlov

εta

probkaçıxaran

deε yεtu nsa so

banka

konko

bankaağzıaçan

deε yεde bue konko so

qabtutan

yεde sɔ kukuo mu

əl üz yuyan

sink

fırça

brɔhye

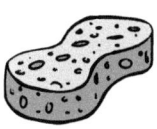

süngər

sapɔ

blender

aduane yam fidie

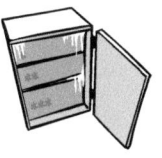

dondurucu

friza nini

körpə şüşəsi

toa a abɔdoma nom ano

kran

paipo

qızdırıcı
ɔhyewbɔ

dəsmal
bɔɔloba

köpüklü vanna
ahuro a yɛdware mu

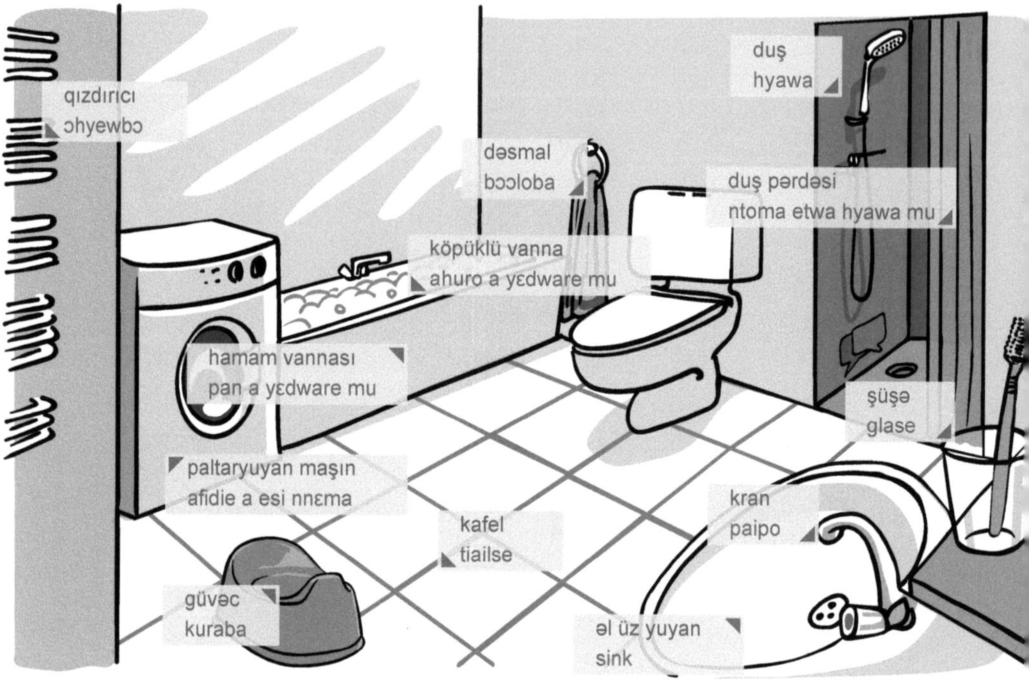

hamam vannası
pan a yɛdware mu

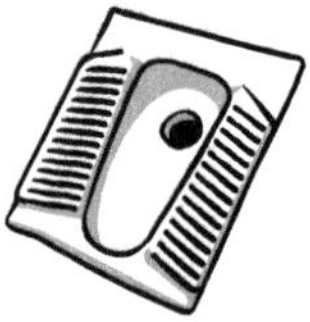

paltaryuyan maşın
afidie a esi nnɛma

güvəc
kuraba

kafel
tiailse

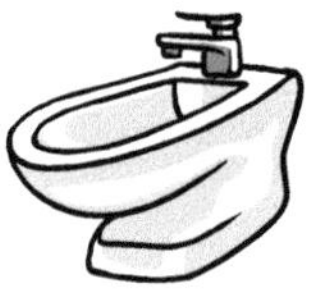

əl üz yuyan
sink

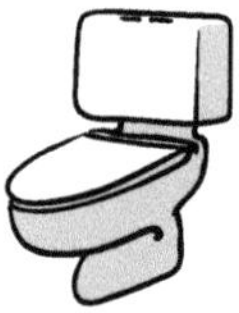

duş
hyawa

duş pərdəsi
ntoma etwa hyawa mu

şüşə
glase

krɑn
paipo

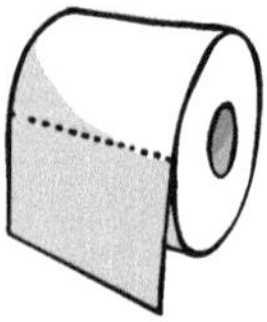

tualet	çömbəlmə tualet	bide
teɛfi	teɛfi a yɛ koto so	bidet teɛfi

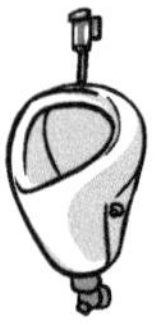 urinal	tualet kağızı	tualet fırçası
dwonsɔ dan	teɛfi so krataa	teɛfi so brɔhye

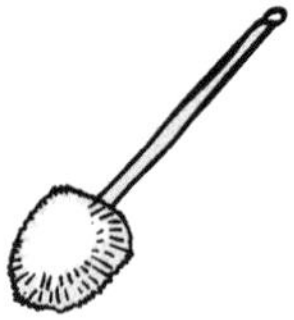

diş fırçası

brɔhye a yɛde twitwiri see

diş pastası

aduro a yɛde twitwiri see

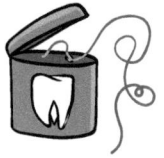

diş ipi

yɛde yiyi ɛsee mu

yumaq

si

əl duşu

hyawa a yɛsɔ mu

intim duş

paipo a yɛde hohoro ananmu

taz

bokiti

bel fırçası

brɔhye a wode dware w'akyi

sabun

samena

duş üçün gel

hyawa samena

şampun

nsuo samena

əsgi

flanɛl ntoma

drenaj

baabi a nsu fa pue

krem

nku

dezodorant

yɛde fefa amotoamu

güzgü

ahwehwɛ

əl güzgüsü

ahwehwɛ a yɛsɔ mu

ülgüc

bled

üz qırxmaq üçün köpük

ahuro a yɛde yi nwi

təraşdan sonra su

aduro a yɛde fefa baabi a
wo ayi nwi

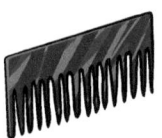

daraq

afen

fırça

brɔhye

fen

afidie a ɛwo nwi

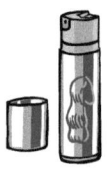

saç spreyi

enwi sopre

makiyaj

pɔns

dodaq boyası

lipstike

dırnaq lakı

penti a yɛde mɔreɛ so

pambıq

asaawa

dırnaq qayçısı

apasɔɔ a etwa mmɔreɛ

ətir

aduhwam

gigiyenik torba

adwareɛ baage

kətil

edwa

tərəzi

skele

hamam xalatı

adwereɛ ataadeɛ

rezin əlcək

rɔba a yɛde hyɛ nsa ho

tampon

tampon

gigiyenik salfet

abɛɛfo amonsen

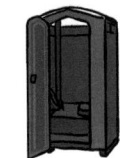

kimyəvi tualet

teɛfi a aduro gum

uşaq otaqı
nkwadaa dan mu

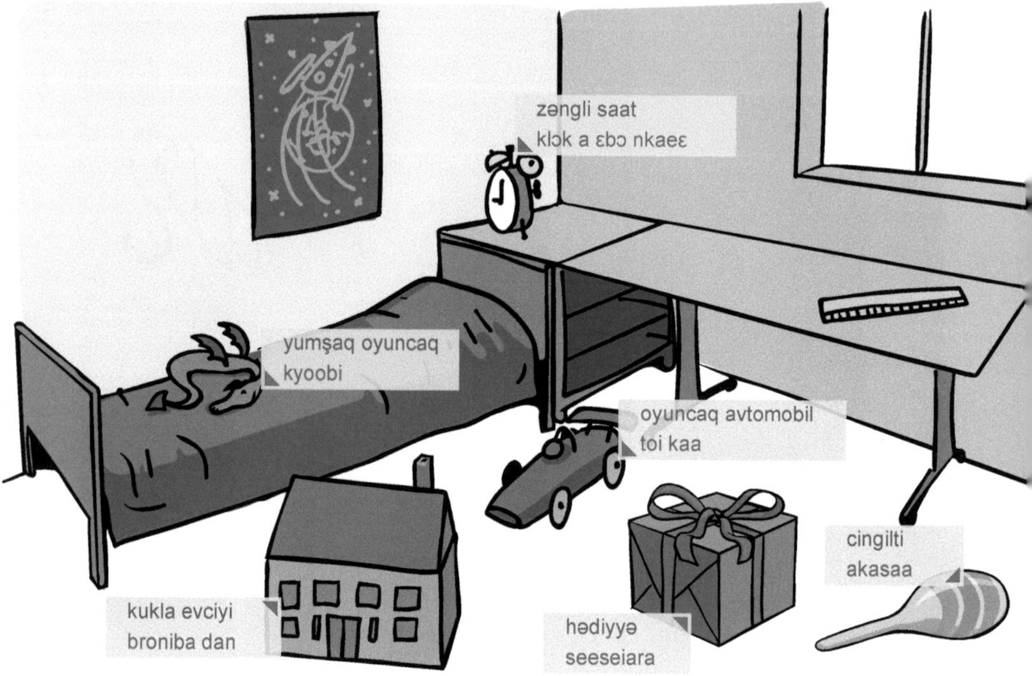
zəngli saat
klɔk a ɛbɔ nkaeɛ
yumşaq oyuncaq
kyoobi
oyuncaq avtomobil
toi kaa
cingilti
akasaa
kukla evciyi
broniba dan
hədiyyə
seeseiara

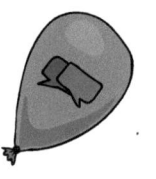

balon

baaluu

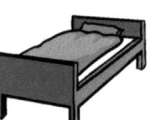

yataq

mpa

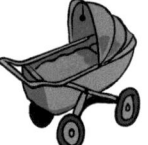

uşaq arabası

nkwadaa kaa

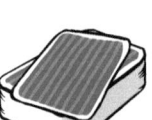

kart dəsti

sopaa

elektrik mişarı

gyiksɔɔ

SUPER MEGA

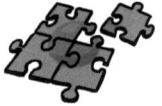

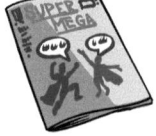

komik

nsɛnkwa

leqo kərpici

lego blɔg

konstruktor blokları

blɔg a yɛde si dan

oyuncaq-personaj

nnipa ɔbɔhye

yeni doğulmuş körpələr üçün geyimi

abɔdoma ataadeɛ

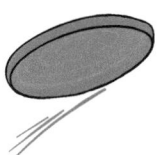

frisbi

frisbee

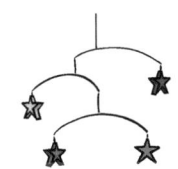

yataq üstünə asılan körpə oyuncağı

mobail

masaüstü oyun

ponoso agodie

zər

daahye

oyuncaq qatar

nkwadaa keteke

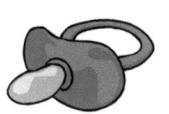

emzik

koliko

qonaqlıq

apontoɔ

rəsmli kitab

nfonin nwoma

top

bɔɔlo

kukla

broniba

oynamaq

di agorɔ

qum qutusu

anwea adaka

yellƏncƏk

adonko

oyuncaqlar

tois

video oyun konsolu

video agodie apaawa

üç tƏkƏrli velosiped

sakre a ne nan meɛnsa

plüşdƏn hazırlanmış
oyuncaq ayı

kyoobi

şkaf

wɔdropo

geyim

ntaadeɛ

corab

sɔks

corab

stokens

kalqotka

sekentait

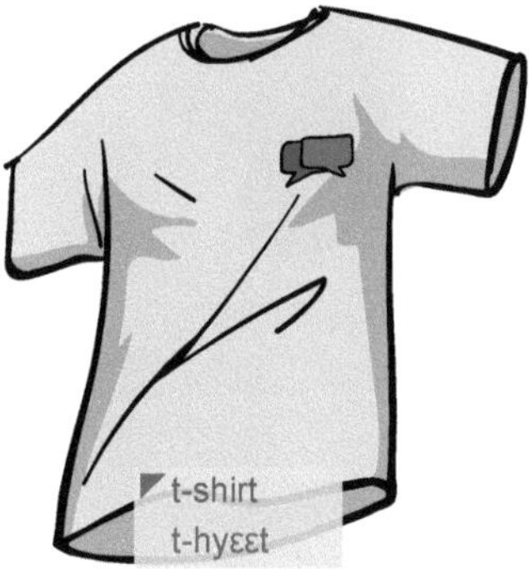

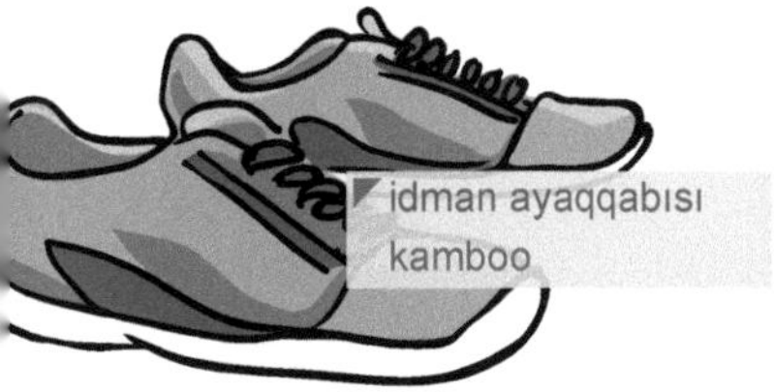

kaşne
duku

çətir
kyinieε

kəmər
bεlεte

t-shirt
t-hyεεt

idman ayaqqabısı
kamboo

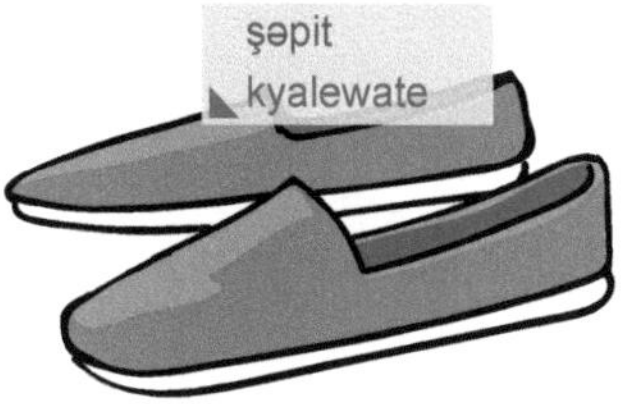

çəkmə
mpaboa

şəpit
kyalewate

sandallar
....
asopatre

ayaqqabı
....
mpoboa

rezin çəkmələr
....
rɔba mpaboa

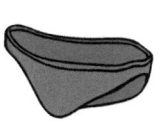

dizlik
....
εtam

lifçik
....
bra

alt köynəyi
....
singlεte

alt paltarı

nipadua

şalvar

trɔsa

cins

gyins

yubka

sekɛɛt

bluza

ɛsoro ataadeɛ

köynək

hyɛɛte

sviter

nkatoho a ɛko awɔ

başlıqlı idman gödəkçəsi

hoodie

gödəkçə

koot

gödəkcə

nkatasɔɔ

pencək

nkatasɔɔ

plaş

nsutɔ mu nkataho

kostyum

dwumadie bi ho ataadeɛ

paltar

mmaa atadeɛ

gəlin paltarı

ayefrɔ ataadeɛ

kostyum

kootu

gecə köynəyi

mmaa ataadeɛ a yɛde da

pijama

pigyamas ataadeɛ

sari

sari

hicab / eşarp

duku

çalma

abotire

burka

burka

kaftan

kaftan

abaya

nkramofoɔ mmaa atadeɛ

çimərlik geyimi

ataadeɛ a yɛde dware nsuo

tumuş

asenemu ataadeɛ

şort

nika

məşq kostyumu

agokansie ntaadeɛ

önlük

akatasoɔ

əlcək

nsa nkataho

düymə

bɔtom

eynək

sopɛɛse

bilərzik

ahwnɛɛ

boyunbağı

komadeɛ

üzük

kawa

sırğa

asomadeɛ

papaq

ɛkyɛ

asılqan

yɛde koot sɛn so

papaq

ɛkyɛ

qalstuk

abɔmene mu

zəncirbənd

zip

dəbilqə

ɛkyɛ denden

aşırma

bresis

məktəb uniforması

sukuu ataadeɛ

uniforma

adwuma ataadeɛ

48   geyim - ntaadeɛ

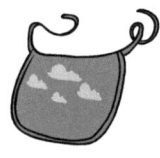

döşlük

mmɔfra bib

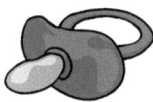

emzik

koliko

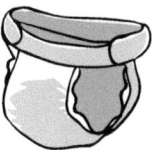

körpə bezi

nkwadaa napken

ofis

asoeɛ

server
sɛɛva
arxiv şkafı
kabenɛt
printer
printa
kağız
krataa
monitor
monita
siçan
Maws
iş masası
ɛpono a yɛyɛ so adwuma
qovluq
nhyemu
klaviatura
ntwerɛeɛ pono
qutusu
ɛn a yɛde krataa nwura gu mu
kompyuter
komputa
stul
akonwa

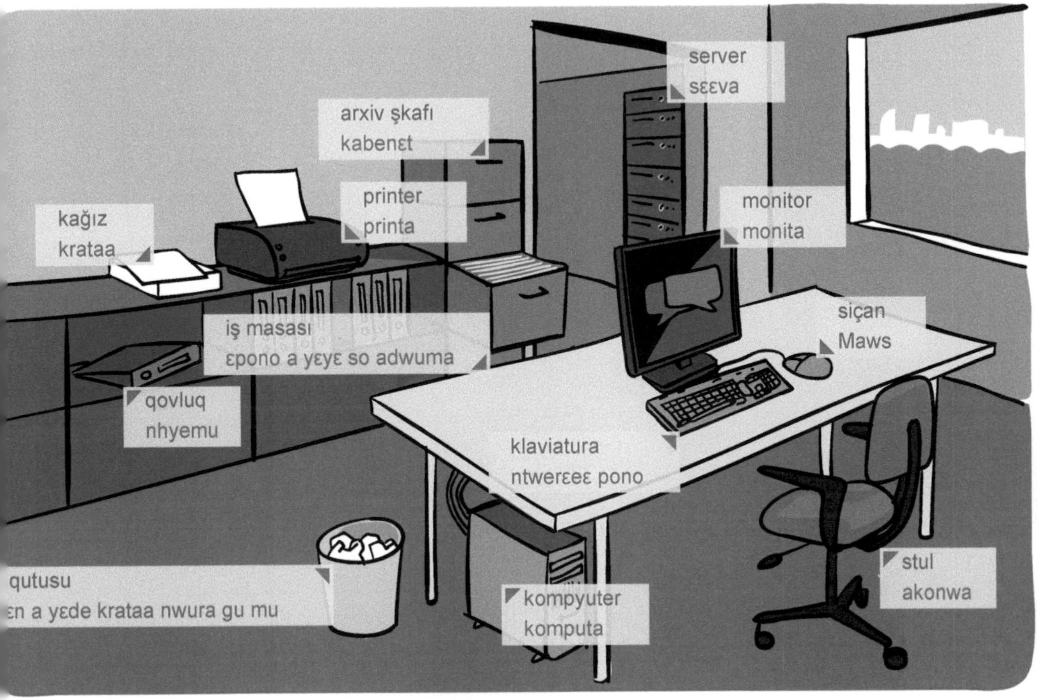

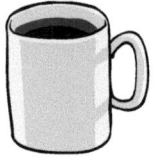

qəhvə fincanı

kɔfe kuruwa

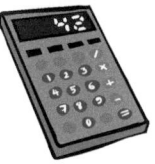

kalkulyator

akontabuo fidie

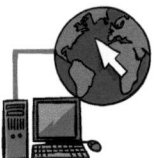

internet

intanɛt

laptop

laptop

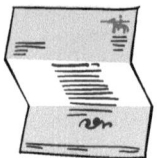

məktub

lɛta

mesaj

nkratɔɔ

mobil telefon

mobail kasafidie

şəbəkə

nɛtwɛke

surətçıxaran maşın

fotokɔpi

proqram təminatı

softwɛɛ

telefon

tetefon

ştepsel

sɔkɛt

faks

faks afidie

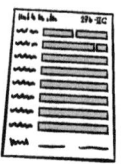

forma

katraa

sənəd

nkrataa

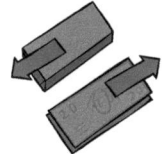

satın almaq
tɔ

ödəmək
tua

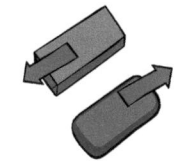

alverlə məşğul olmaq
di dwa

pul
sika

dollar
dollar

avro
euro

yen
yen

rubl
rubel

frank
Swiss franks

renminbi yuan
renminbi yuan

rupi
rupii

bankomat
baabi yɛtua sika

valyuta mübadiləsi
məntəqəsi
baabi a yɛ sesa sika

qızıl
sika kɔkɔɔ

gümüş
dwetɛ

neft
now

enerji
ahɔɔden

qiymət
ne bɔɔ

müqavilə
kontragye

vergi
ɛtoɔ

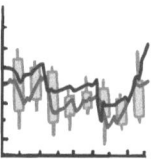

səhm
stɔk

işləmək
adwuma

işçi
adwumayɛni

işəgötürən
adwumawura

fabrik
mfididwuma mu

dükan
sotɔɔ

peşə
nwuma ahodoɔ

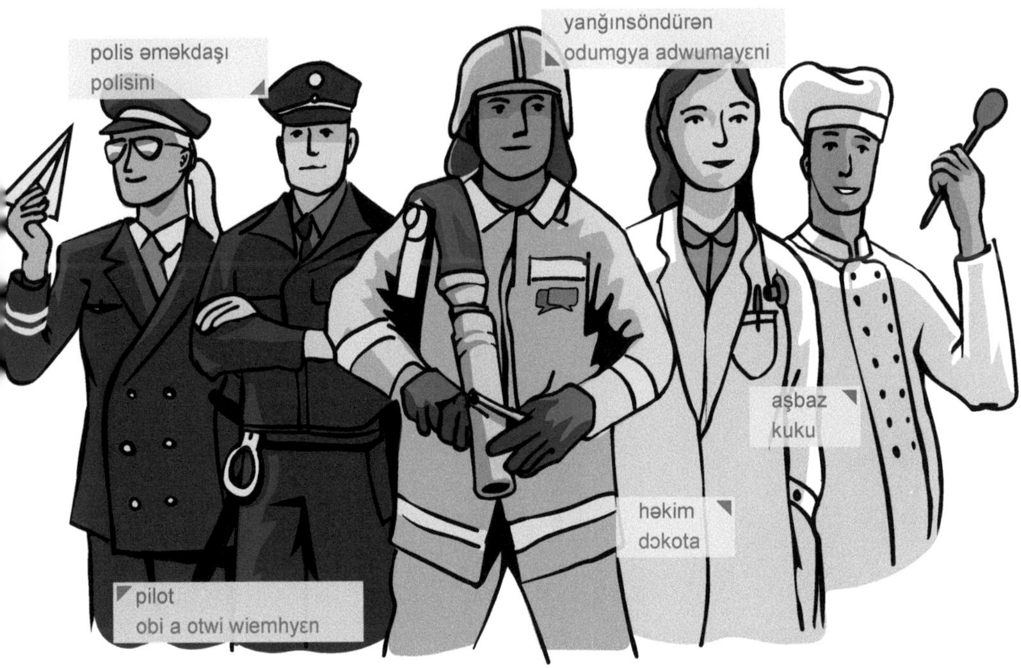
polis əməkdaşı
polisini
yanğınsöndürən
odumgya adwumayɛni
aşbaz
kuku
həkim
dɔkota
pilot
obi a otwi wiemhyɛn

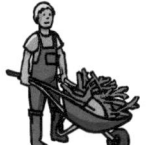

bağban

ɔyɛ afuo

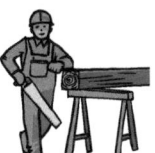

dülgər

dua dwomfoɔ

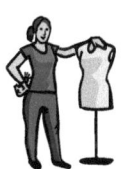

dərzi

adepani baa

hakim

atɛnmuafoɔ

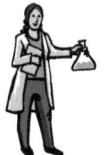

kimyaçı

ɔtɔn nnuro

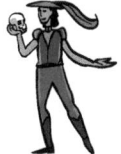

aktyor

sini yɛfoɔ

avtobus sürücüsü

bɔs drɔba

taksi sürücüsü

taisi drɔba

balıqçı

ɔpofɔɔ

xadimə

ɔbaa a osiesie fie

dam işçisi

ɔbɔdanso

ofisiant

ɔsom adidiɛ

ovçu

bɔmɔfoɔ

rəssam

penta

çörəkçi

ɔto paano

elektrik ustası

ɔyɛ nkaneɛ ho adwuma

inşaat işçisi

ɔdansifoɔ

mühəndis

inginia

qəssab

ɔdwa nam

santexnik

plɔmba

poçtalyon

krataa manefoɔ

əsgər

sogyani

memar

ɔdwi adan

kassir

ɔgyegye sika

gül-çiçək satıcısı

ɔtɔn nhwiren

bərbər

ɔyɛ tire

konduktor

meeti

mexanik

fitani

kapitan

nnipa a otwi suhyɛn

diş həkimi

ɛsee dɔkota

alim

abɔdeɛ mu nimdefoɔ

ravvin

rabi

imam

kramo panin

rahib

ɔsɔfo

keşiş

osɔfo

alətlər
anwenade

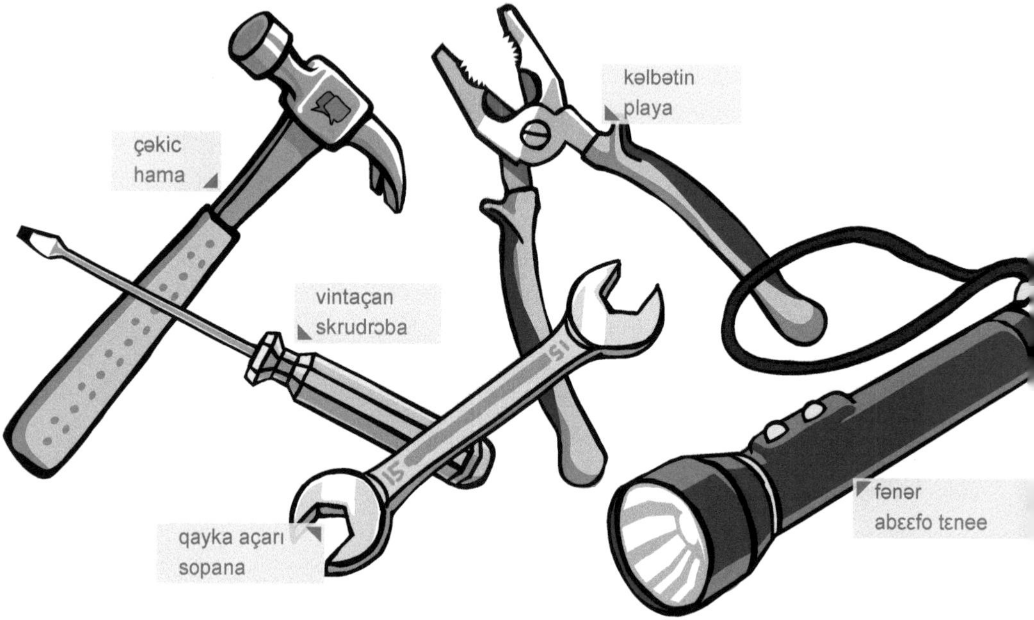

kəlbətin
playa
çəkic
hama
vintaçan
skrudrɔba
qayka açarı
sopana
fənər
abɛɛfo tɛnee

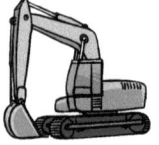

ekskavator
otu amena

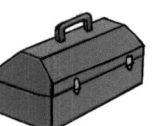

alətlər qutusu
anwenade adaka

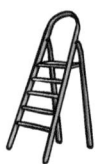

nərdivan
atwedeɛ

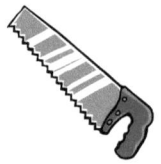

mişar
asradaa

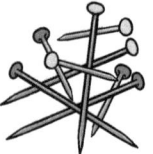

dırnaqlar
nnadewa

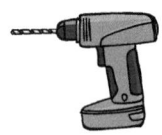

drel
afidie a yɛde bɔne tokro

təmir etmək
....
siesie

kürək
....
sofi

Lənət olsun!
....
Ebei!

xəkəndaz
....
asanwura

boya vedrəsi
....
penti kukuo

vintlər
....
skruu

musiqi alətləri

nnɛɛma a yɛde bɔ nwom

dinamik
msopika a anoyɛden

zərb alətləri
nneama a yɛde bɔ ntwene

gitara
dwitae

kontrabas
bass dwitae kɛseɛ

trompet
abɛn

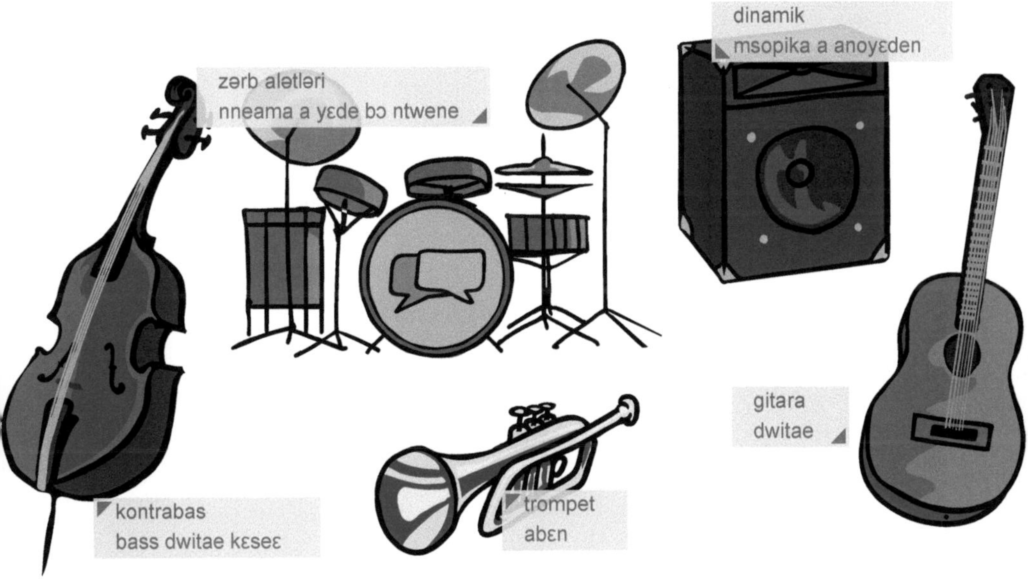

fortepiano

sankuo

skripka

ahoma sankuo

bas

bass dwitae

timpani

atumpan

nağara

ntwene

sintezator

ntwerɛeɛ apa

saksafon

saksofon

fleyta

atentenbɛn

mikrofon

maikrofon

pələng
cɜɜ

giriş
ɛɔɔno anó

qəfəs
mmoa dan

zebr
zebra

heyvan yeməyi
mmoa aduane

panda
panda

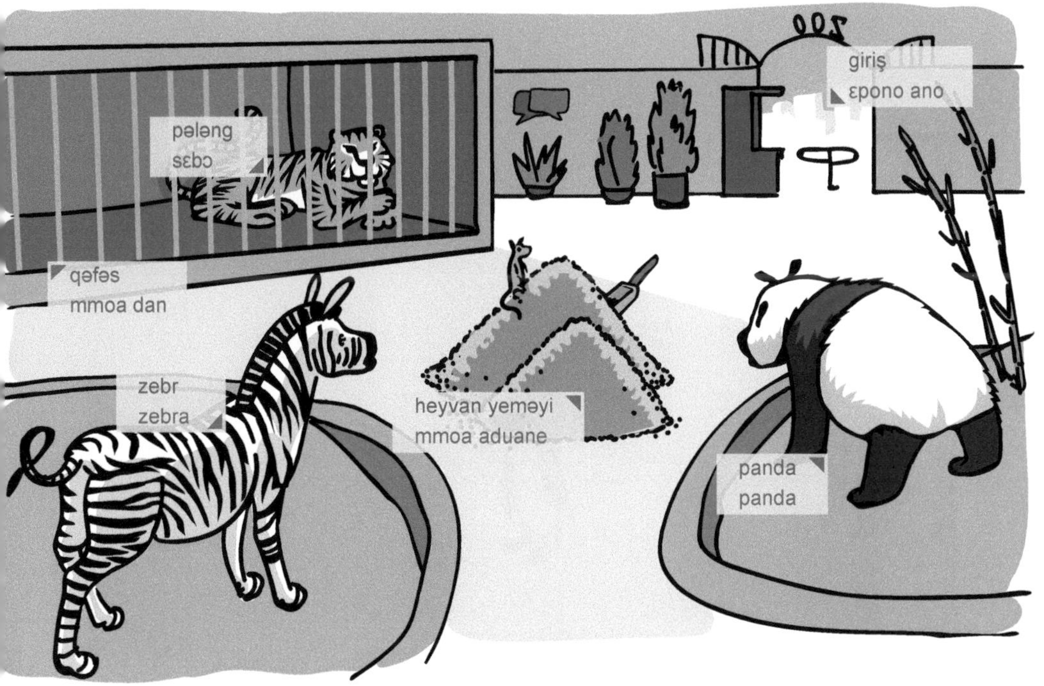

heyvanlar

mmoa

fil

ɔsono

kenquru

kangaru

kərgədan

raino

qorilla

akatea

ayı

sisire

dəvə

afunupɔnkɔ

dəvəquşu

sohori

aslan

gyata

meymun

adwee

flamingo

flamingo

tutuquşu

ako

qütb ayısı

awɔ mu sisire

pinqvin

penguin

köpəkbalığı

oboodede

tovuz

akɔkonini abankwa

ilan

wɔwɔ

timsah

dɛnkyɛm

zoopark işçisi

nnipa ɛhwɛ zoo so

suiti

nsuo mu gyata

yaquar

sebɔ

poni

pɔnkɔ ba

bəbir

etwie

hippopotam

susuono

zürafə

kɔntenten

qartal

ɔkɔdeɛ

qaban

kɔkɔte

balıq

apataa

tısbağa

sudandan

morj

walrus

tülkü

sakraman

ceyran

ɔtwee

amerikan futbolu
Amerikafɔɔ futbɔɔlo

velosiped sürmək
skre twie

tennis
tennis

basketbol
basketbɔɔlo

üzgüçülük
nsuom adwareɛ

boks
akutruku

buz xokkeyi
asukɔkyea so hɔki

futbol

futbɔl

badminton

badmintin

yüngül atletika

mirikatuo

həndbol

bɔɔlo a yɛde nsa bɔ

xizək

skii

polo

polo

fəaliyyət
nwumadie

tullanmaq
huri
quqaqlaşmaq
bam
gülmək
sere
getmək
nante
oxumaq
to dwom
yuxu qörmək
so daeɛ
dua etmək
bɔ mpaeɛ
öpüşmək
fe ano

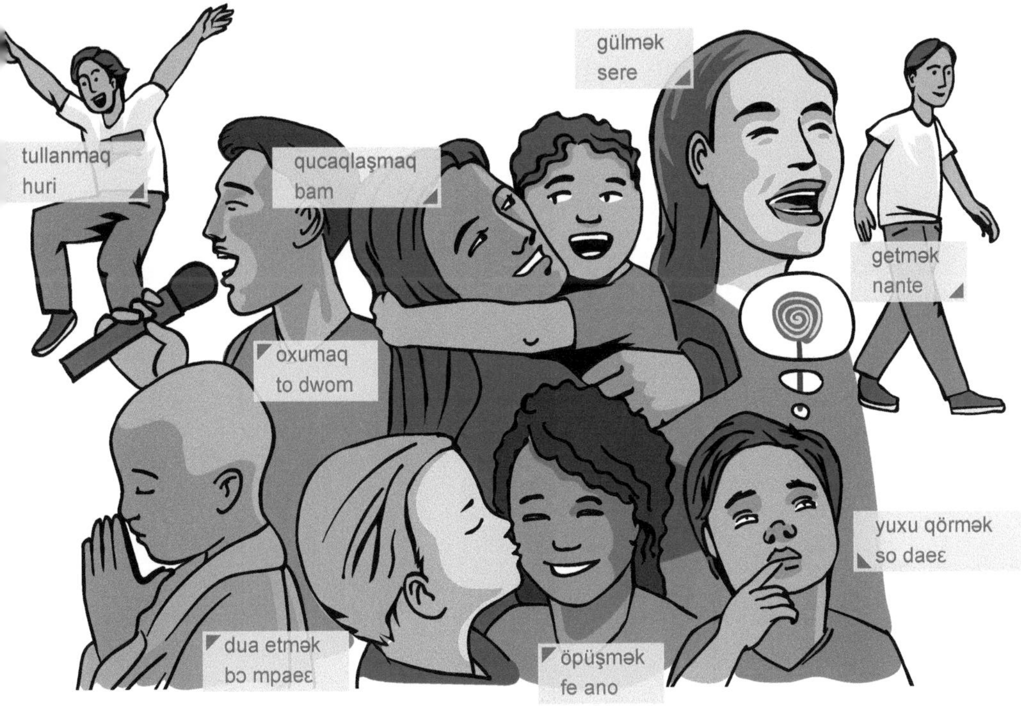

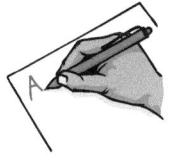

yazmaq

twerɛ

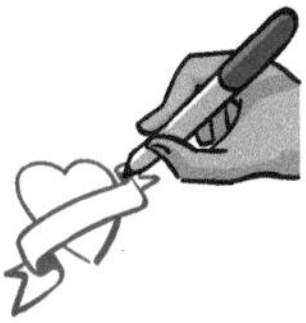

çəkmək

dwi

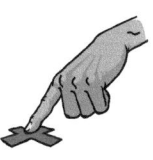

göstərmək

kyerɛ

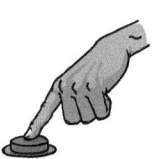

itələmək

pia

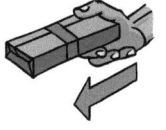

vermək

ma

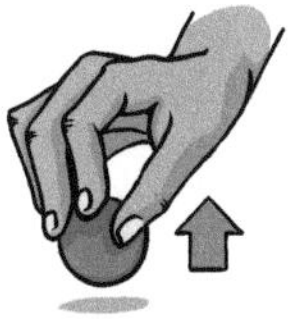

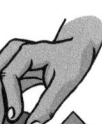

götürmək

fa

sahibi olmaq

nya

etmək

yɛ

olmaq

yɛ

durmaq

gyina

qaçmaq

tu mirika

çəkmək

twe

atmaq

to

düşmək

tɔ fam

uzanmaq

da hɔ

gözləmək

twɛn

daşımaq

soa

oturmaq

tenase

geyinmək

hyɛ ataadeɛ

yatmaq

da

ayılmaq

nyane

baxmaq

hwɛ

ağlamaq

su

sığallamaq

san ho

daramaq

nunum

danışmaq

kasa

anlamaq

te aseɛ

soruşmaq

bisa

dinləmək

tie

içmək

nom

yemək

didi

təmizləmək

yɛ nsiesie

sevmək

ɔdɔ

bişirmək

noa

sürmək

twi

uçmaq

tu

fəaliyyət - nwumadie

üzmək
fa nsuo so

hesablamaq
sese

oxumaq
kenkan

öyrənmək
sua

işləmək
adwuma

evlənmək
ware

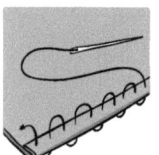

tikmək
pam

dişləri təmizləmək
twitwiri wo se

öldürmək
kum

siqaret çəkmək
nom gyɔt

göndərmək
mane

nənə
nana baa

baba
nana barima

ata
papa

ana
maame

körpə
abɔdoma

qız
ba baa

oğul
ba barima

qonaq

cɔhchɔ

xala/bibi

sewaa

əmi/dayı

wɔfa

qardaş

nua barima

bacı

nua baa

bədən
nipadua

alın
moma
göz
ani
üz
anim
buxaq
apantan
barmaq
nsatea
əl
nsa
çiyin
abɛtire
ayaq
ɛnan
döş
nufoɔ
qol
nsa

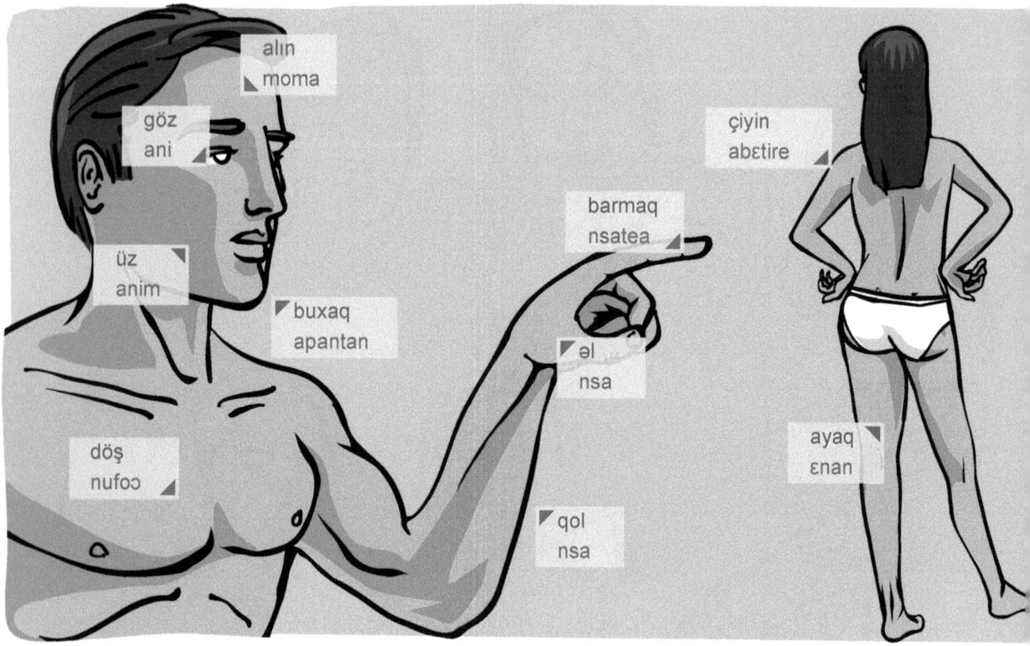

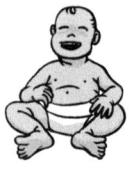

körpə

abɔdoma

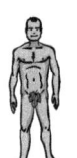

kişi

barima

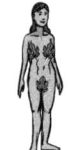

qadın

ɔbaa

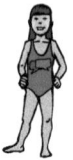

qız

abayewa

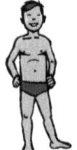

oğlan

abarimawa

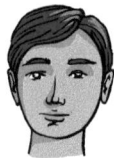

baş

etire

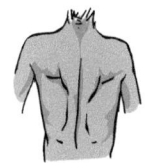

bel
....
akyi

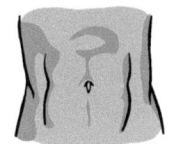

qarın
....
afro

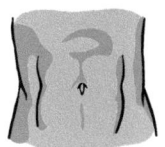

göbək
....
fruma

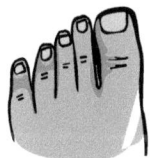

ayaq barmağı
....
nansoa

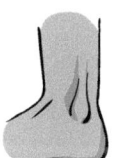

daban
....
nantini

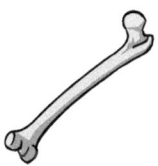

sümük
....
dompe

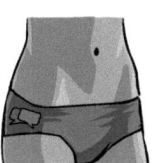

bud
....
ataasɔ

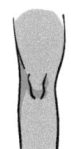

diz
....
kotodwe

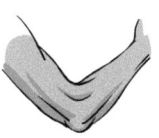

dirsək
....
abatwɛ

burun
....
ɛhwene

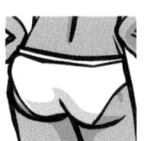

sağrı
....
ɛtoɔ

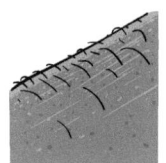

dəri
....
wedeɛ

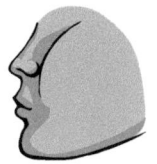

yanaq
....
afono

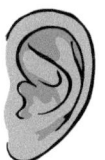

qulaq
....
aso

dodaq
....
ano

bədən - nipadua

ağız

anom

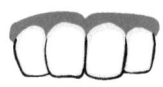

diş

ɛsee

dil

tɛkyerɛma

beyin

adwene

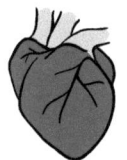

ürək

akoma

əzələ

ntini

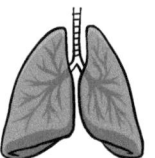

ağciyər

aharawa

qaraciyər

brɛbɔɔ

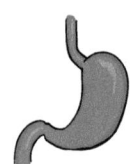

mədə

yafunu

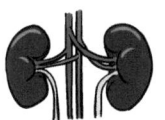

böyrəklər

asaa

cinsi yaxınlıq

nna

kondom

kɔndɔm

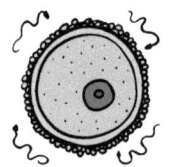

qadın cinsi hüceyrə

ɔbaa nkosua

sperma

barima ho nsuo

hamiləlik

nyinsɛn

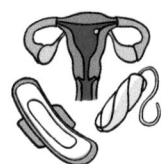

aybaşı
nsabuo

vagina
ɛtwɛ

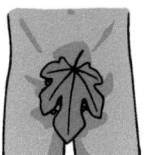

penis
kɔteɛ

qaş
anintɔn

saç
enwin

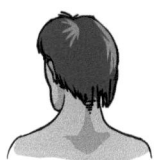

boyun
ɛkɔn

xəstəxana

ayaresabea

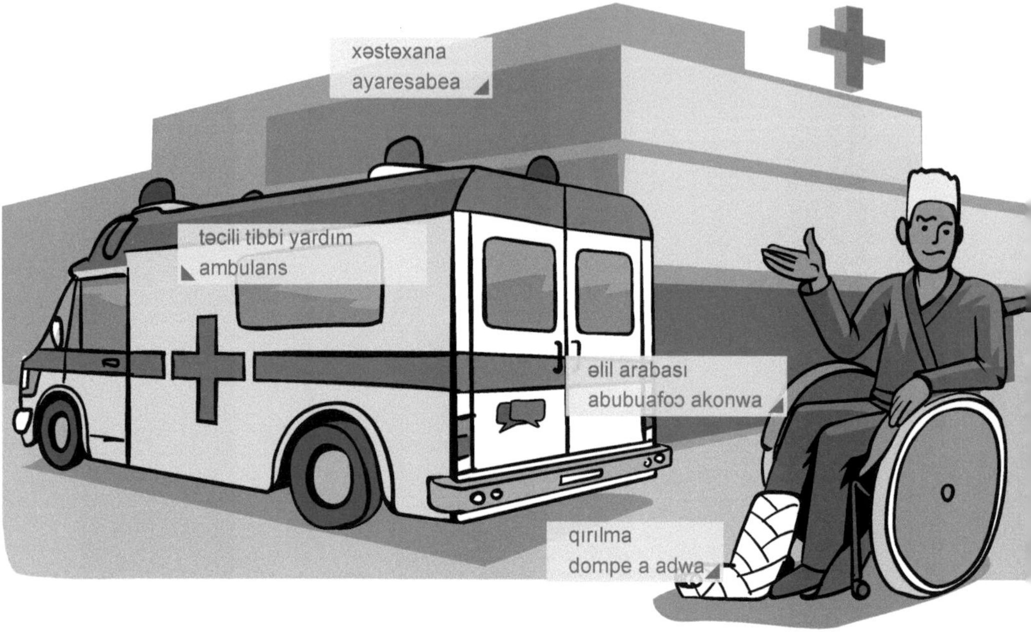

xəstəxana
ayaresabea
təcili tibbi yardım
ambulans
əlil arabası
abubuafoɔ akonwa
qırılma
dompe a adwa

həkim

dɔkota

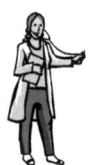

reanimasiya şöbəsi

ɛdan a wɔde putupru nsɛm kɔmu

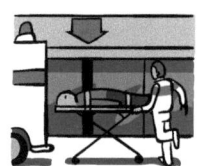

tibb bacısı

nɛɛse

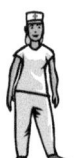

fövqəladə hallar

putupru

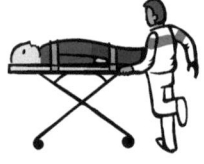

huşunu itirmiş

wɔ atwa ahwe

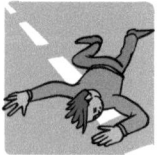

ağrı

yea

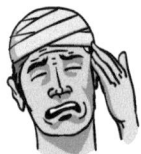

zədə

epira

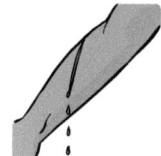

qanaxma

mogyatuo

infarkt

akoma yarenini

insult

stroke yareε

allergiya

allegyi

öskürək

εwa

qızdırma

ahoɔhyeε

qrip

papu

ishal

ayamtuo

başağrısı

tipaeε

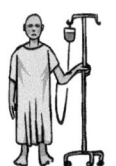

xərçəng

kokoram

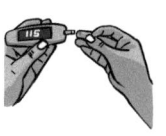

şəkərli diabet

asikyire yareε

cərrah

dɔkota a εyε oprehyεn

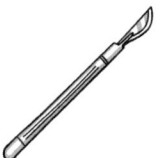

neştər

skapεl sekan

əməliyyat

aprehyεn

CT
CT

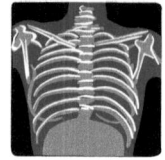

rentgen
x-ray

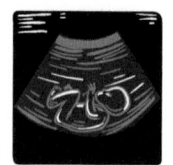

ultrasəs
ultrasound

maska
nkatanim

xəstəlik
yareɛ

gözləmə otağı
ɛdan a wɔ twɛn mu

qoltuqağacı
krɔhyes

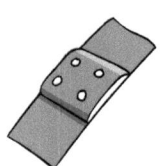

plaster
plasta

sarğı
banege

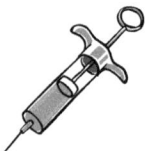

inyeksiya
panɛɛ

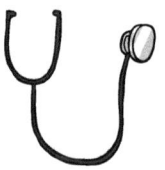

steteskop
Stetoskop

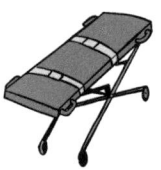

xərək
ahomankaa

hərarətölçən
afidie a esusu ahɔɔhyeɛ

doğum
awɔɔ

çəki artıqlığı
kɛseɛ mmorosɔɔ

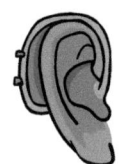

eşitmə aparatı

afidie a ɛboa asɛmtie

dezinfeksiyaedici

aduro a ekum mmoawa

infeksiya

yareɛ a mmoawa deba

virus

vaarɔs

QİÇS

HIV / AIDS

tibb

aduro

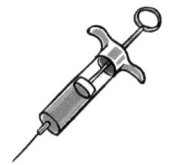

peyvənd

aduro a esi yareɛ ano

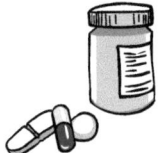

həblər

aduro tablɛte

həb

topaeɛ

təcili zəng

ɔfrɛ wɔ putupru so

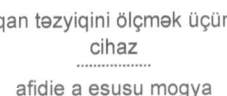

qan təzyiqini ölçmək üçün cihaz

afidie a esusu mogya mmrosoɔ

xəstə / sağlam

yareɛ / apomuden

Kömək edin!

Boa me!

həyəcan siqnalı

kɔkɔbɔ

basqın

ɛborɔ

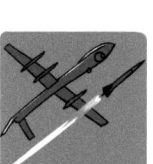

hücum

ato ahyɛ obi so

təhlükə

ɛyɛ hu

ehtiyat çıxışı

baabi a yɛfa de pue putupru
so

Yanğın!

Ogya!

odsöndürən

afidie a yɛde dumgya

qəza

nkwanhyia

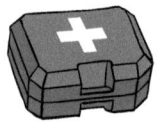

ilkin yardım qutus

nnɛɛma yɛde sɔ yarɛɛ ano

SOS

SOS

polis

polisi

Avropa

Yuropo

Şimali Amerika

Amerika atifi

Cənubi Amerika

Amerika ananfoɔ

Afrika

Abiberm

Asiya

Asia

Avstraliya

Australia

Atlantik

Atlantik

Sakit Okean

Pasifek

Hind okeanı

India po kɛseɛ

Antarktika Okeanı

Antaatek po keseɛ

Şimal Buzlu okeanı

Aatek po kɛseɛ

Şimal qütbü

Ewiase atifi

Cənub qütbü

Ewiase anaafɔ

Antarktika

Antaatek

Yer kürəsi

Ewiase

ölkə

asaase

dəniz

ɛpo

ada

supɔ

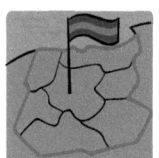

millət

ɔman

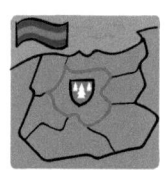

dövlət

ɔman

siferblat

klɔko no anim

saat əqrəbi

dɔnhwere nsa no

dəqiqə əqrəbi

sima nsa

saniyə əqrəbi

anitɛtɛ nsa no

Saat neçədir?

Abɔ sɛn?

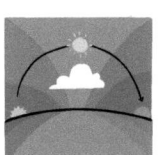

gün

da

vaxt

berɛ

indi

seeseiara

rəqəmsal saat

wkye a nɔma wɔ so

dəqiqə

sima

saat

dɔnhwere

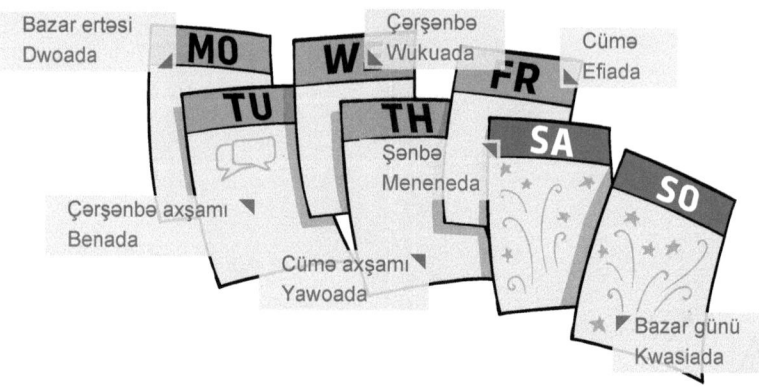

Bazar ertəsi
Dwoada

Çərşənbə
Wukuada

Cümə
Efiada

Çərşənbə axşamı
Benada

Şənbə
Meneneda

Cümə axşamı
Yawoada

Bazar günü
Kwasiada

dünən
ɛnora

bugün
ɛnora

sabah
ɔkyina

səhər
anɔpa

günorta
prɛmtobrɛ

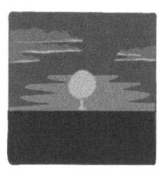

axşam
anwumerɛ

MO	TU	WE	TH	FR	SA	SU
1	2	3	4	5	6	7
8	9	10	11	12	13	14
15	16	17	18	19	20	21
22	23	24	25	26	27	28
29	30	31	1	2	3	4

iş günü
adwuma nna

MO	TU	WE	TH	FR	SA	SU
1	2	3	4	5	6	7
8	9	10	11	12	13	14
15	16	17	18	19	20	21
22	23	24	25	26	27	28
29	30	31	1	2	3	4

həftə sonu
nnawɔtwe awieɛ

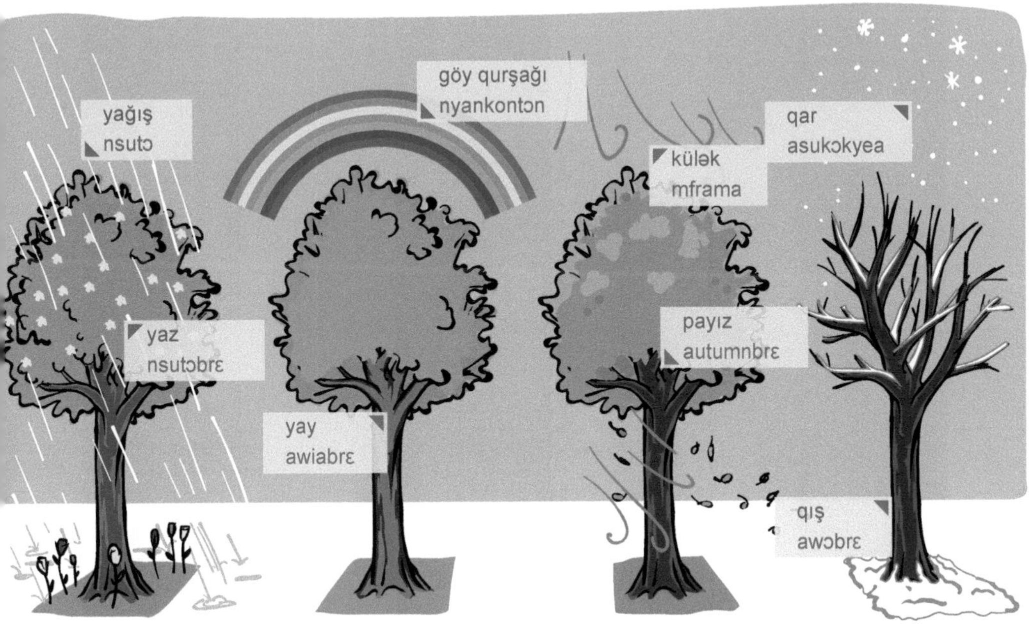

göy qurşağı
nyankontɔn
yağış
nsutɔ
külək
mframa
qar
asukɔkyea
yaz
nsutɔbrɛ
payız
autumnbrɛ
yay
awiabrɛ
qış
awɔbrɛ

4.APRIL 11°
5.APRIL 4°
6.APRIL 13°
7.APRIL 8°
8.APRIL 10°

hava proqnozu

ewiem nsakrɛɛɛ

F C
120 40
90 30
60 20
30 10
0 0
-30 -10
-20

termometr

afidie a esusu ade ho hyeɛ

günəş işığı

awiabɔ

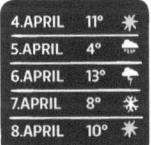

bulud

munukum

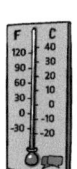

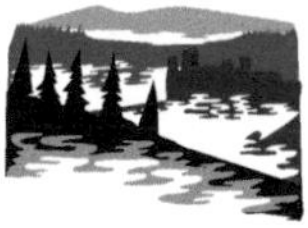

duman

ɛbɔ

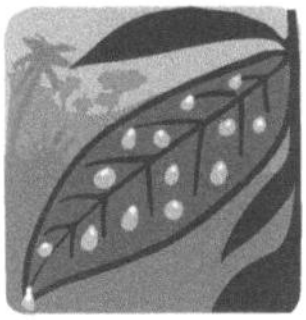

rütubət

ewiem nsuo

ildırım

ayerɛmo

göy gurultusu

apranaa

fırtına

ehum

dolu

asukɔkyea

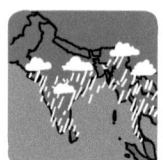

musson

monsoonbrɛ

daşqın

nsuyiri

buz

aise

yanvar

ɔpɛpɔn

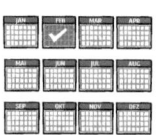

fevral

ɔgyefoɔ

mart

ɔbɛnem

aprel

Oforisuo

may

Kotonimaa

iyun

Ayɛwohomumu

iyul

Kitawonsa

avqust

ɔsanaa

sentyabr
....
ɛbɔ

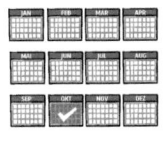

oktyabr
....
Ahinime

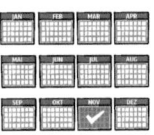

noyabr
....
Obubuo

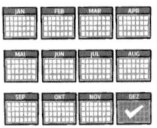

dekabr
....
ɔpɛnimaa

formalar
abosuo

dairə
....
kanko

kvadrat
....
sokwɛɛ

düzbucaqlı
....
rɛktangel

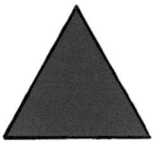

üçbucaq
....
triangel

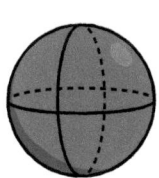

kürə
....
krukruwa

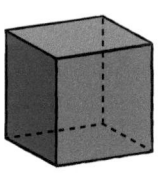

kub
....
adaka

ağ

fitaa

sarı

akokɔ sradeɛ

narıncı

ankaa

çəhrayı

pink

qırmızı

kɔkɔɔ

bənövşəyi

pɛpol

mavi

bruu

yaşıl

ahaban mono

palıdı

braun

boz

nson

qara

tuntum

çox / az

pii / ketewa

qeyzli / sakit

wo boafu / wɔ adwo

yaraşıqlı / eybəcər

ɛyɛ fɛ / ɛyɛ tan

başlanğıc / son

ahyɛseɛ / awieɛ

böyük / kiçik

kɛseɛ / esua

işıqlı / qaranlıq

ɛha / esum

qardaş / bacı

nuabarima / nuabaa

təmiz / kirli

ɛho te / ayɛ fin

tam / natamam

awie / enwieɛ

gündüz / gecə

awia / anadwo

ölü / diri

awu / ɛte ase

geniş / dar

emubae / ɛyɛ tea

yemeli / yeyilməyən

yɛde /yɛnni

hirsli / mehriban

bɔne / tema

həyəcanlı / bezmiş

wɔ aniagye / wɔ ani nka

kök / arıq

ɔsɔ / teatea

ilk / son

edikan / etwatɔɔ

dost / düşmən

adamfoɔ / atamfo

dolu / boş

ayɛ mma / hwee nim

sərt / yumşaq

ɛdenden / mmerɛ mmerɛ

ağır / yüngül

ɛyɛ duru / ɛyɛ ha

aclıq / susuzluq

ɛkɔm / nsukɔm

xəstə / sağlam

yareɛ / apomuden

qanunsuz / qanuni

etia mmara / ɛwɔ mmara mu

ağıllı / axmaq

nyansa / gyimi

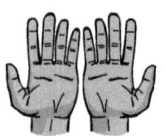

sol / sağ

benkum / nifa

yaxın / uzaq

ɛbɛn / akyire

yeni / istifadə edilmiş

foforɔ / dada

heç bir şey / bir şey

hwee / biribi

qoca / gənc

wɔ anyini/ ɔsua

açma / bağlama

sɔ /dum

açıq / bağlı

bue / tom

sakit/ bərk

dinn / dede

varlı / kasıb

ɔdefoɔ / ohia

düzgün / səhv

nifa / benkum

kobud / hamar

werewerɛwerewerɛ / trontron

kədərli / xoşbəxt

awerɛhoɔ / anigyeɛ

qısa / uzun

tietia / tenten

yavaş / sürətli

nyaa / ntɛm

yaş / quru

afɔ / awɔ

isti / sərin

dedɛɛdeɛɛ / adwo

müharibə / sülh

akoo / asomdweɛ

əksinə - abirabɔ

0

sıfır

hwee

1

bir

baako

2

iki

mienu

3

üç

meɛnsa

4

dörd

ɛnan

5

beş

enum

6

altı

nsia

7

yeddi

nson

8

səkkiz

nwɔtwe

9

doqquz

nkron

10

on

edu

11

on bir

du-baako

12

on iki

du-mienu

13

on üç

du-mεnsa

14

on dörd

du-nan

15

on beş

du-num

16

on altı

du-nsia

17

on yeddi

de-nson

18

on səkkiz

du-nwɔtwe

19

on doqquz

du-nkron

20

iyirmi

aduonu

100

yüz

ɔha

1.000

min

apem

1.000.000

milyon

ɔpepem

İngilis dili
....
Brɔfo

İngilis dilinin amerikan
variantı
....
Amerikafoɔ Brɔfo

Çin dilinin Mandarin dialekti
....
Chainfoɔ Mandarin

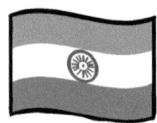

Hind dili
....
Hindi

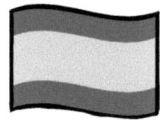

İspan dili
....
Spainfoɔ kasa

Fransız dili
....
French kasa

Ərəb dili
....
Arabia kasa

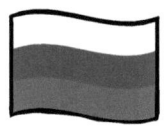

Rus dili
....
Russianfoɔ kasa

Portuqal dili
....
Portugalfoɔ kasa

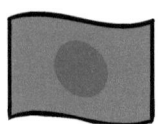

Benqal dili
....
Bengali

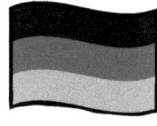

Alman dili
....
Germanfoɔ kasa

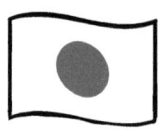

Yapon dili
....
Japanfoɔ kasa

mən

Me

sən

wo

o / o / o

ono

biz

yɛn

siz

wo

onlar

ɔmmo

kim?

hwan?

nə?

deɛ bɛn?

necə?

ɛyɛ deɛn?

harada?

ehen?

nə zaman?

dabɛn?

ad

edin

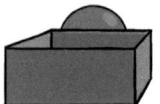

arxadan

akyire

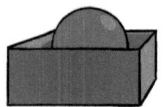

içində

emu

qarşısında

anim

üzərində

ɛsoro

dair

ɛso

altında

aseɛ

yanaşı

nkyɛn

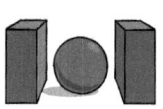

arasında

ntɛm

yer

beaɛ